O Estatuto do Administrador de Facto Não Legitimado das Sociedades Comerciais

O Estatuto do Administrador de Facto Não Legitimado das Sociedades Comerciais

2022

F. A. Duarte da Rocha
Advogado e Mestre em Ciências Jurídico-Empresariais
pela Faculdade de Direito da Universidade de Coimbra

ALMEDINA

O ESTATUTO DO ADMINISTRADOR DE FACTO NÃO LEGITIMADO DAS SOCIEDADES COMERCIAIS
AUTOR
F. A. Duarte da Rocha
EDITOR
EDIÇÕES ALMEDINA, S.A.
Avenida Emídio Navarro, 81, 3D
3000-151 Coimbra
Tel.: 239 851 904 · Fax: 239 851 901
www.almedina.net · editora@almedina.net
DESIGN DE CAPA
EDIÇÕES ALMEDINA, S.A.
PRÉ-IMPRESSÃO
João Jegundo
IMPRESSÃO E ACABAMENTO

Agosto, 2022
DEPÓSITO LEGAL

ALMEDINA | GRUPOALMEDINA

BIBLIOTECA NACIONAL DE PORTUGAL – CATALOGAÇÃO NA PUBLICAÇÃO

ROCHA, Fábio André Duarte da

O estatuto do administrador de facto não legitimado das sociedades comerciais. – (Monografias)
ISBN 978-989-40-0701-2

CDU 347

"Ninguém pode ir ao lugar que se propõe, se ao mesmo tempo pretende permanecer no ponto de partida"

Carlos Bernardo Gonzalez Pecotche

NOTA PRÉVIA

A figura do administrador de facto prolifera na nossa realidade jurídico-societária e nas demais áreas do direito. De facto, embora a sua definição não esteja tipificada nas nossas disposições legais, a doutrina nacional procurou, de forma profícua, elencar uma série de pressupostos para aquisição da qualidade de administrador de facto. Esses requisitos, de caráter cumulativo, são rígidos e pesados, o que, por vezes, faz com que um sujeito que pratica atos típicos de administração sem designação formal seja, ainda assim, excluído da qualificação acolhida.

Esta conjuntura abre uma brecha jurídico-aplicativa para quem interfere na vida societária perpetrando atos de administração, mas que se vê ilibado de qualquer regulamentação jurídica por não cumprir os duros requisitos da administração fáctica comummente reconhecida.

É esse vazio que procuramos preencher com a figura do administrador de facto não legitimado.

Coimbra, 28 de julho de 2022

F. A. Duarte da Rocha

APRESENTAÇÃO E AGRADECIMENTOS

O presente texto corresponde à dissertação de Mestrado em Ciências Jurídico-Empresariais – Com menção em Direito Empresarial apresentada na Faculdade de Direito da Universidade de Coimbra em outubro de 2021. Foi discutida em prova pública realizada em 09 de dezembro de 2021 por um júri constituído pelos Senhores Professores Doutores Carolina Cunha (presidente), Mafalda Miranda Barbosa (arguente) e Ricardo Costa (orientador), aos quais endereço, desde já, os meus agradecimentos pela aceitação da missão e, igualmente, pelo privilégio de usufruir de tão ilustre painel.

O trabalho, aqui apresentado, foi objeto de ligeiras alterações formais e de exíguas modificações textuais com o intento de clarear algumas imprecisões face às sensatas e sábias apreciações do Júri. Foram ainda efetuadas algumas atualizações e alterações em preceitos no seguimento das recentes mudanças:

- no CSC, pelo Decreto-Lei nº 109-D/2021, de 09 de dezembro;
- no CIRE, pela Lei nº 9/2022, de 11 de janeiro.

Agradeço em particular:

- Ao meu orientador, ao Senhor Doutor Professor Ricardo Costa, pela desmedida orientação. Além de ter sido o verdadeiro Fundador da Temática do "Administrador de Facto Não Legitimado", foi a minha "bússola", o meu "mapa itinerário", e a minha "luz do farol" para chegar ao meu destino: "O Farol". Foi sempre paciente, "aturando" as minhas constantes "dúvidas existenciais" e o meu stress contínuo. Um inatacável e sábio mestre que merece os meus mais sinceros agradecimentos.

- À minha Faculdade de Direito da Universidade de Coimbra e aos seus Ilustres Docentes, pela exigência e excelência formativa que facultam a todos os seus estudantes, fomentando o nosso espírito crítico para enfrentarmos todas as vicissitudes da vida jurídica.
- Ao meu amigo e colega Luís Alberto Carvalho, por todas as suas palavras, os seus conselhos pessoais e jurídicos, pelas morosas, mas saborosas, discussões e pelas suas sábias apreciações sobre a dissertação.
- À minha amiga e colega Samantha Mangieri, pelo seu apoio na compreensão e tradução de textos italianos, bem como, pela estadia em Pavia e ajuda na busca de obras jurídicas úteis para melhorar o meu repertório bibliográfico.
- À minha amiga e Ilustre Patrona Ângela Santos Silva, pelo seu apoio, incentivo, solidariedade e confiança depositada em mim e no meu projeto.
- Aos meus amigos da "terra" e à "Família de Coimbra", por todas histórias vividas e aquelas que ainda virão... o meu sincero obrigado.
- À minha Amanda Pacca, pelo companheirismo, compreensão e amor. O meu eterno obrigado por suportar todos os momentos em que o único assunto era a "Tese".
- À minha avó Inês "Fagote", por ser o meu "anjo da guarda", pela sua generosidade, pelas suas lindas palavras, pelo seu inquestionável afeto e simplicidade colossal.
- Aos meus pais, Joaquim e Rosa, por fazerem de mim o que sou hoje, pelo apoio incondicional e por todos os bons valores que me ensinaram. São os meus Guerreiros. Os caracteres de uma Tese de Doutoramento seriam, certamente, exíguos para exprimir todo o meu agradecimento.
- Por último, à minha prima Sara que, embora fisicamente ausente, está sempre comigo no coração e, sem dúvidas, é ela que me ajuda a debelar todos os obstáculos da vida. A ela dedico a minha dissertação.

RESUMO

As sociedades comerciais, ao longo dos anos, vêm apresentando uma estrutura cada vez mais complexa. O aumento exponencial das suas dimensões associado às maiores e prementes exigências do mercado económico-financeiro global e, também, os maiores obstáculos no exercício do controlo da gestão/administração decorrentes daquele aumento, contribuíram para que o órgão de administração, que desempenha atividades de gestão interna e representação externa das sociedades, fosse, muitas vezes, furtado das suas funções por quem não tem legitimidade legal para as exercer.

Ora, reconhecendo esse quesito problemático, as doutrinas nacional e internacional procuraram responder às questões levantadas pela imiscuição ilegítima, no órgão de administração, por sujeitos que não possuem título formal bastante para integrarem o referido órgão social. É nesse seguimento que surge a figura do administrador de facto, inicialmente com uma configuração puramente doutrinal, mas que, paulatinamente, começou a ter reconhecimento legal em vários ordenamentos jurídicos e em vários ramos do Direito. A emergência desta categoria de administrador conseguiu dar resposta a várias indagações associadas à citada imiscuição ilegítima, tais como: responsabilidades, deveres, direitos e vinculação societária pelos atos desses sujeitos.

Acontece, porém, que a esta figura está associado um problema de qualificação. Com efeito, o administrador de facto reconhecido no mundo jurídico (ao qual chamamos de administrador de facto legitimado) está subjugado a rigorosos e cumulativos critérios de seleção, pelo que a queda de um deles faz cair automaticamente a qualificação e a aplicação dos preceitos societários e, por outro lado, emergir, consequentemente, um vazio jurídico-aplicativo para aqueles sujeitos que administram, mas que não logram preencher os mencionados critérios.

Será esse vazio que procuraremos preencher, através da construção da figura do administrador de facto não legitimado que nasce, necessariamente, da inobservância de algum ou alguns dos elementos intrínsecos à qualificação legitimada.

Para esse efeito, iniciaremos a nossa trilha com a redefinição do conceito de administrador de facto das sociedades, de modo a abarcar o nosso administrador de facto não legitimado, para, numa segunda etapa do caminho, propormos a criação um estatuto composto por responsabilidades, deveres, direitos e eventuais consequências em termos de vinculação societária pela representação externa efetivada por este administrador.

Palavras-Chave: administração societária; administrador de facto não legitimado; estatuto; deveres, responsabilidades e direitos; vinculação das sociedades.

ABSTRACT

Throughout the years, commercial companies have been developing more complex structures. The exponential growth of its dimensions related to the larger and foremost requirements of the global economic and financial market, and also the greatest obstacles on the management/handling control therein of that increase, contributed to the fact that the administration body, which carries out internal management activities and external representation of the companies, was often relieved of its duties by those who do not have the legal legitimacy to exercise them.

By recognizing this problematic issue, the national and international doctrines have tried to answer the questions raised by the illegitimate intromission in the administration body by individuals who do not have a formal enough title to be part of the mentioned administration body. It is in this context that the figure of the de facto administrator appears, initially with a purely doctrinal configuration, but which gradually began to be legally recognized in various legal systems and in various branches of Law. The emergence of this category of administrator was able to answer several questions associated with the aforementioned illegitimate intromission, such as: responsibilities, duties, rights, and corporate binding for the acts of these persons.

However, a qualification problem is associated with this figure. With effect, the de facto administrator recognized in the legal world (which we call the legitimized de facto administrator) is subject to rigorous and cumulative selection criteria, so that the fall of one of them automatically causes the qualification and application of the corporate precepts to fall, and on the other hand, a legal and applicative void emerges for those that manage, but who fail to meet the mentioned criteria.

It is this void that we will try to fill – through the construction of the figure of the non-legitimized de facto administrator – that arises necessarily from the non-observance of one or several intrinsic elements of the legitimized qualification.

To this end, we will start our path with the redefinition of the concept of the company's de facto administrator, in order to encompass our non-legitimized de facto administrator and, in a second stage, we will propose the creation of a charter composed of responsibilities, duties, rights, and possible consequences in terms of corporate binding by the external representation performed by this administrator.

Keywords: corporate management; non-legitimized de facto administrator; charter; duties, responsibilities and rights; corporate binding.

LISTA DE SIGLAS E ABREVIATURAS

BFD	–	Boletim da Faculdade de Direito da Universidade de Coimbra
CC	–	Código Civil
CCom	–	Código Comercial
Cfr.	–	Conferir
CIRE	–	Código da Insolvência e Recuperação de Empresas
CLR	–	Católica Law Review
CMVM	–	Comissão do Mercado de Valores Mobiliários
CP	–	Código Penal
CRCom	–	Código do Registo Comercial
CSC	–	Código das Sociedades Comerciais
CT	–	Código do Trabalho
DSR	–	Direito das Sociedades em Revista
FDL	–	Faculdade de Direito de Lisboa
FDUC	–	Faculdade de Direito da Universidade de Coimbra
ID.	–	Idem
IDET	–	Instituto do Direito das Empresas e Trabalho
IJFDUC	–	Instituto Jurídico da Faculdade de Direito da Universidade de Coimbra
LGT	–	Lei Geral Tributária
n.	–	Nota
nº	–	Número
nºs	–	Números
Ob. cit.	–	Obra citada
p.	–	Página
pp.	–	Páginas
RCEJ	–	Revista de Ciências Empresariais e Jurídicas
RDC	–	Revista de Direito Comercial
RDM	–	Revista de Derecho Mercantil
RDS	–	Revista de Direito das Sociedades
ROA	–	Revista da Ordem dos Advogados
ss.	–	Seguintes
UCP	–	Universidade Católica Portuguesa
últ. ob. cit.	–	Última obra citada
v.g.	–	*Verbi gratia*
Vol.	–	Volume

1
Enquadramento, menção ao objeto e objetivo da dissertação

As sociedades comerciais, tal como as pessoas singulares, são "dotadas de personalidade jurídica"[1]. Na sua origem, estas sociedades eram dirigidas/governadas por quem possuía a maioria do seu capital, ficando a capacidade de exercício, incondicionalmente, nas mãos dos seus sócios e da assembleia geral (como "órgão soberano")[2]. No entanto, o aumento exponencial do número de sócios e as maiores exigências dos mercados para as sociedades comerciais, contribuíram para que, nos dias de hoje, o órgão de administração tenha conquistado o papel de primordial órgão de gestão em substituição da assembleia geral[3].

Hodiernamente, são os administradores[4] (tendencialmente com maiores formações e capacidades gestionárias) que, enquanto membros do órgão de administração, exercem a atividade societária, cumprindo os escopos sociais, e que conferem a capacidade de exercício destas entidades personalizadas. São os administradores que estão incumbidos da performance interna da sociedade, da gestão dos negócios, das atividades e da representação societária perante terceiros[5].

[1] Ricardo Costa, *Os Administradores de Facto das Sociedades Comerciais*, Reimpressão, Tese de Dissertação para a obtenção do Grau de Doutor, FDUC, Almedina, Coimbra, 2016 p. 31.

[2] Inês Dias Chambel, *In all but name: o Administrador de Facto nas Sociedades Comerciais – Reflexões em torno da sua concretização*, Dissertação de Mestrado, UCP, Lisboa, 2014, p. 8; Ricardo Costa, últ. ob. cit. p. 32.

[3] Inês Dias Chambel, ob. cit. p. 8.

[4] Denominação com sentido amplo, abarcando, de forma indistinta, os "administradores" das sociedades anónimas e os "gerentes" dos restantes tipos sociais.

[5] Ricardo Costa, últ. ob. cit. p. 31.

Por conseguinte, esta extensão de poderes exige, outrossim, uma regulação vigorosa das condutas associadas. Destarte, o nosso CSC consignou os direitos, obrigações, responsabilidades e a vinculação das sociedades pela atuação destes administradores regularmente designados/eleitos.

Acontece, porém, que em muitas sociedades, sobretudo nas de maiores dimensões, "assistimos a um número considerável de pessoas a participarem, em maior ou menor medida, na gestão comercial, financeira e laboral, com mais ou menos independência, com mais ou menos autoridade, com mais ou menos nível de importância dos actos praticados"[6]. Algumas delas, de facto, "não fazendo parte do órgão social competente, participam na gestão da sociedade ou influem (...) nos processos decisórios"[7] desta, sem terem, para o efeito, qualquer investidura formal. Efetivamente, apenas uma parcela destas pessoas poderá ser qualificada como administrador de facto tradicionalmente reconhecido, face aos rigorosos requisitos de qualificação.

Foram vários os ordenamentos jurídicos europeus, e, diríamos até, mundiais, que procuraram delimitar os elementos/pressupostos de aquisição da qualidade de administrador de facto. A doutrina (e em alguns casos a própria lei) procurou balizar as normas que seriam aplicáveis a estes administradores de facto com o intento de salvaguardar os interesses de todos os intervenientes: da sociedade gerida por quem exerce poderes desprovido de uma designação legitimante; dos terceiros que, de boa-fé, julgam contratar com um verdadeiro membro do órgão de administração; dos terceiros-credores da sociedade pelo eventual desacerto gestionário destes administradores; e os próprios administradores de facto pelos eventuais benefícios que proporcionaram à sociedade.

Em termos nacionais, a doutrina ampliou, ainda que de forma mitigada, a aplicação dos preceitos societários a este administrador de facto, mormente, o regime da responsabilidade civil. Ricardo Costa foi mais longe, atribuindo-lhe um estatuto mais alargado do que a mera extensão das responsabilidades imputadas aos administradores formais. Para o Autor, se aquele sujeito cumprir os apertados e cumulativos "parâmetros seletivos" que lhe conferem a qualidade de administrador de facto jusso-

[6] Ricardo Costa, últ. ob. cit. p. 661.

[7] Tatiana Ferreira Rosário, *A Responsabilidade do Administrador de Facto no CIRE*, Dissertação de Mestrado, UCP, Porto, 2017, p. 14.

cietariamente relevante/legitimado, ser-lhe-á extensível uma porção considerável do estatuto do administrador de direito[8].

Todavia, a obscuridade emerge quando o sujeito em questão não cumpre cumulativamente os mencionados critérios de seleção. Serão estes os casos em que poderemos estar perante um administrador de facto não legitimado[9], sendo a partir desta figura que nasce o objeto da nossa dissertação.

De facto, existe uma certa vacuidade jurídica quando temos um sujeito que não cumpre todos os requisitos de legitimação, mas que, ainda assim, realiza atos de administração societária de "alta direção", sem poderes formais para o efeito.

Destarte, o objetivo da nossa dissertação será preencher esse vazio criando um estatuto (*multifocal*) da figura atendendo às dissidências que a própria alberga.

Procuraremos, no fundo, responder às seguintes perquirições: quem pode ser qualificado como administrador de facto não legitimado? Qual o seu estatuto? Quais os regimes e normas que podemos chamar à colação para a composição da figura?

Para este efeito, o nosso percurso iniciar-se-á com uma redefinição do conceito de administrador de facto, construindo-se os pressupostos seletivos da administração fáctica jussocietariamente relevante para, de seguida, "demolir" aqueles considerados prescindíveis, com caráter eventual, e a partir daí edificar a figura do administrador de facto não legitimado.

Por último, iremos abordar o grande tema que dá o título à presente dissertação, "O estatuto do administrador de facto não legitimado". Aqui iremos abordar os vários regimes e preceitos normativos que propomos para delimitar os direitos, deveres, responsabilidades e vinculação societária pelos atos destes administradores, bem como, justificar o nosso afastamento de outros institutos e regimes que, hipoteticamente, poderiam ser manuseados.

Uma vez cumpridas as despesas introdutórias do tema, iniciemos.

[8] Ricardo Costa, últ. ob. cit. pp. 658, 661 e 900.

[9] Termo instituído por Ricardo Costa, últ. ob. cit. p. 864, n. 1919.

2
Noção de administrador de facto

Antes de entrarmos no cerne definitório da administração de facto e nas suas múltiplas facetas, será fundamental destrinçar o significado de administração. COUTINHO DE ABREU, entende que a palavra administração terá um duplo sentido[10]. Poderá significar atividade ou o órgão que exerce essa atividade. Ora, é a atividade/exercício de administração que delimitará as competências do respetivo órgão, sendo, nesse sentido, essencial a concretização conceitual da administração enquanto atividade. COUTINHO DE ABREU deixou-nos o seu contributo. O Autor entende que podemos definir a administração (enquanto atividade) em sentido amplo, como aquela que abrange a gestão/atividade (à qual chamaremos, também, de representação interna[11]) e a representação externa[12]. Será, por sua vez, administração em sentido estrito aquela que compreende as "decisões estratégicas ou fundamentais sobre os objetivos empresariais a longo prazo, as correspondentes organização dos meios produtivos, dimensão e

[10] J. M. COUTINHO DE ABREU, *Governação das Sociedades Comerciais*, 2ª edição, Almedina, 2010, p. 39.

[11] Sufragamos a ideia de que a atividade interna societária implicará, sempre, um exercício de representação, uma vez que será o órgão de administração a expressar/representar internamente a vontade da sociedade. Com tal entendimento, apresentando o exemplo de um administrador que dá orientações aos trabalhadores, representando a sociedade enquanto entidade patronal, SUAREZ-LLANOS GÓMEZ, "Sobre la distinción entre administración y representacion de sociedades mercantiles", in *RDM*, nº 85, Jul.-Set., Madrid, 1962, pp. 55, 69 e 76.

[12] J.M. COUTINHO, últ. ob. cit., p. 39.

localização das empresas, as várias políticas empresariais – produção (...), distribuição, pessoal, financiamentos -, o provimento dos postos laborais de direção, o sistema informacional inter-orgânico e intra-empresarial"[13].

A administração comportará, portanto, atos de "alta direção"[14] e de "gestão corrente"[15] de caráter interno e externo. Os externos serão perpetrados pelos administradores/gerentes de direito através da representação externa da sociedade perante terceiros, podendo tais atos, por via de princípio, vincular a mesma.

As tarefas e funções de administração (em sentido amplo) de uma sociedade comercial nem sempre são exercidas pelos chamados administradores *de iure* ("sujeitos que levam a cabo o cargo administrativo por terem sido designados de acordo com um dos modos ou modelos previstos na lei «maxime, designação nos estatutos e nomeação ou eleição pelo sócio ou coletividade de sócios»[16]). Podem, com efeito, ser exercidas por outros sujeitos não detentores de tal título, mas com a capacidade de serem adjetivados como administradores de facto.

Embora possamos apresentar uma noção ampla desta figura, é inegável a multiplicidade tipológica de administração fáctica, com caraterísticas próprias/específicas que deverão ser avaliadas caso a caso.

Coutinho de Abreu e Elisabete Ramos avançaram com a seguinte noção da figura que procurou abarcar todas as concretas conjeturas: "é administrador de facto em sentido amplo quem, sem título bastante,

[13] J.M. Coutinho, últ. ob. cit., p. 40.

[14] Definida por Dedessus-Le-Moustier, como a possibilidade de *"décider du sort commercial et financier de l'entreprise, d'imposer ses choix et de peser de façon déterminante sur sa gestion. Autrement dit, il droit disposer d'un véritable pouvoir de décision"*, in "La Responsabilité du Dirigeant de Fait", *Revue des Societés*, Sirey, Paris, 1997, p. 503 e por Niccolò Abriani como *"compartecipazione a scelte amministrative che abbiano rivestito una rilevanza decisiva per le sorti dell'ente contribuendo in modo significativo ad indirizzarne l'attività imprenditoriale"* in *Gli Amministratori di Fatto delle Società di Capitali*, Quaderni di Giurisprudenza Commerciale, nº 182, Casa Editrice Giuffrè, Milano, 1998, p. 229.

[15] J.M. Coutinho, últ. ob. cit., p. 40.

[16] Ricardo Costa, "Administrador de Facto e Representação das Sociedades", in *BFD*, Vol. XC, Tomo II, 2014, p. 719, ID., Ricardo Costa, "Sócios como Administradores de Facto das "suas" Sociedades, in *Coleção Estudos Instituto do Conhecimento AB, nº 4, Estudos Comemorativos dos 20 anos da Abreu Advogados*, Coord: Ricardo Costa/Luís Gonçalves da Silva, Almedina, Coimbra, 2015, p. 725; Ricardo Costa, "Administrador de Facto e Artigo 80º do CSC", in *E Depois do Código das Sociedades Comerciais em Comentário*, Almedina, Coimbra, 2016, p. 199; Ricardo Costa, *Os Administradores de Facto...*, ob. cit. p. 983.

exerce, direta ou indiretamente e de modo autónomo (não subordinadamente), funções próprias de administrador de direito da sociedade"[17].

Perante tal aceção, importará fazer uma diferenciação entre o administrador de facto direto e o administrador de facto indireto. O primeiro será o sujeito que exerce diretamente as funções de gestão/administração societária que, tradicionalmente, competem aos administradores *de iure* sem, no entanto, se servir da atuação mediata destes e/ou de outros administradores de facto[18]. Existem duas subespécies de administradores de facto diretos (tipologia binária[19]): o administrador de facto aparente e o administrador de facto oculto sob outro título [20].

O administrador de facto aparente realiza as competências do órgão de administração despetrechado de um vínculo jurídico que as permita exercer, porque o título atribuidor de tal condição sofre de um vício – designação nula[21], por exemplo –, ou porque o título originariamente válido caducou ou extinguiu-se[22], ou, até mesmo, por inexistência de qualquer título, válido ou inválido, que legitime, orgânica e formalmente, a atuação do sujeito como administrador de direito[23].

[17] J. M. Coutinho de Abreu/Elisabete Ramos, "Responsabilidade Civil de Administradores e de Sócios Controladores (Notas sobre o art. 379º do Código do Trabalho)" *Miscelâneas nº 3*, IDET, Almedina, Coimbra, 2004, p. 41, ID., J. M. Coutinho de Abreu, "Responsabilidade Civil dos Administradores de Sociedades Comerciais", 2ª edição, *Cadernos nº5*, IDET, Almedina, Coimbra, 2010, p. 101; J. M. Coutinho de Abreu, "Responsabilidade civil nas sociedades em relação de domínio", in *Scientia Ivridica*, vol. 1, nº 329, Tomo LXI, Braga, 2012, p. 239.

[18] Ricardo Costa, *Os Administradores de Facto das Sociedades...*, ob. cit., p. 646

[19] Nas palavras de Ricardo Costa, últ. ob. cit., p. 646 e Claude Champaud/Didier Danet, "Sociétés et autres groupements. Dirigeant de fait – Com. 5 nov. 1991" in *Revue trimestrelle de droit commercial et de droit économique*, Paris (Sirey), 1992, pp. 818-819.

[20] J. M. Coutinho de Abreu/Elisabete Ramos, ob. cit., p. 41 J. M. Coutinho de Abreu, *Responsabilidade Civil dos Administradores...*, ob. cit., pp. 99 a 101.

[21] Por exemplo: a) nulidade da deliberação (*v.g.* incapacidade jurídica: artigos 252º, nº 1, 390º, nº 3, 425º, nºs 6, al. d) e 7, 1ª parte, todos do CSC); b) deliberação anulada. – Ricardo Costa, "Responsabilidade Civil Societária dos Administradores de Facto, in *Temas Societários*, Colóquios nº 2, IDET, Almedina, Coimbra, 2006, p. 29 e J. M. Coutinho de Abreu, últ. ob. cit., p. 99.

[22] *V.g.* ausência de produção de efeitos da nomeação de administrador por falta de prestação de caução que não foi dispensada pelo contrato social nem por intermédio de deliberação (artigos 396º, nos 1 a 3, 433º, nº 2 e 478º, todos do CSC) com a sanção da "cessação imediata de funções" (artigo 396º, nº 4, do CSC) – Ricardo Costa, últ. ob. cit, pp. 29 e 30 (com mais exemplos) e J.M. Coutinho de Abreu, últ. ob. cit., p. 99.

[23] J. M. Coutinho de Abreu, últ. ob. cit., p. 99 e 100.

Ricardo Costa qualifica este sujeito como administrador de facto *manifesto*, pois intervém "manifestamente na sociedade" ostentando um título atributivo da condição de administrador viciado (na sua origem ou supervenientemente) ou porque atua de forma manifesta sem apresentar qualquer "vínculo ou laço jurídico" que lhe permita realizar tarefas administrativas[24].

Por sua vez, o administrador de facto oculto sob outro título será aquele indivíduo que possui um estatuto diverso do de administrador[25] ("qualidade de relação" com a sociedade distinta de administração), mas que leva a cabo funções de gestão tipicamente atribuídas ao administrador de direito, com a autonomia/independência própria que este "veste"[26].

Ao contrário do administrador de facto aparente/manifesto, o oculto não se apresenta como administrador da sociedade, mas sim "como detentor ou portador de um outro título", não obstante, concretizar diretamente funções de gestão próprias dos administradores *de iure*[27]. Ricardo Costa predicamenta, esta última subespécie, como administrador de facto *dissimulado,* justificando tal conceitualização pelo facto deste não se apresentar, em momento algum, inclusive perante terceiros, como administrador da sociedade, mas apenas na sua posição teorética de "qualidade de relação"[28] distinta de administração[29].

Apesar das referidas dissonâncias, estas subespécies de administrador de facto direto, têm em comum uma "transcendência pública", onde o administrador em causa gere a sociedade por ele próprio e não utiliza ou

[24] Ricardo Costa, *Os Administradores de Facto das Sociedades...*, ob. cit., p. 647.

[25] *V.g.*, sócio maioritário ou único, diretor geral, "gerente de comércio", procurador, mandatário, agente comercial, trabalhador assalariado, franquiador, consultor-prestador de serviços) Ricardo Costa, "Responsabilidade Civil Societária...", ob. cit., p. 30, ID., *Os Administradores de Facto das Sociedades...*, ob. cit., p. 647 e J. M. Coutinho de Abreu, *Responsabilidade Civil dos Administradores...*, ob. cit., p. 100.

[26] Ricardo Costa, "Responsabilidade Civil Societária...", ob. cit., p. 30, ID., *Os Administradores de Facto das Sociedades...*, ob. cit., p. 647 e J. M. Coutinho de Abreu, *Responsabilidade Civil dos Administradores...*, ob. cit., p. 100.

[27] Ricardo Costa, "Responsabilidade Civil Societária...", ob. cit., p. 30, ID., *Os Administradores de Facto das Sociedades...*, ob. cit., p. 647 e J. M. Coutinho de Abreu, *Responsabilidade Civil dos Administradores...*, ob. cit., p. 100 e 101.

[28] Ver os exemplos desta "qualidade de relação" referidos na nota 25.

[29] Ricardo Costa, *Os Administradores de Facto das Sociedades...*, ob. cit., p. 647

manipula os administradores de direito (nem outro(s) administrador(es) de facto direto[30]) para atuarem por ele.[31]

Na noção ampla de administrador de facto supra referenciada, faz-se menção ao sujeito que exerce indiretamente funções próprias de administrador de direito da sociedade. Falamos, portanto, na segunda espécie: o administrador de facto indireto também, comummente, chamado de administrador na sombra[32] ou por interposta pessoa[33-34]. Será, assim, administrador de facto indireto aquele sujeito que, sem qualquer cargo de administração, determina de forma reiterada a atuação/conduta dos administradores "oficiais", sejam eles de direito ou de facto direto[35-36-37],

30 Ricardo Costa, últ. ob. cit., p. 651.

31 Ricardo Costa, últ. ob. cit., p. 648.

32 J. M. Coutinho de Abreu, últ. ob. cit., p. 101.

33 Ricardo Costa, últ. ob. cit., p. 648.

34 Menezes Cordeiro, também define esta figura como administrador de facto *stricto sensu*: "a pessoa que, por razões objetivas e/ou subjetivas, exerce o poder na sociedade, dando ordens aos administradores de direito" – "Capítulo VII – Responsabilidade civil pela Constituição, Administração e Fiscalização da Sociedade. Introdução", in *Código das Sociedades Comerciais anotado e Regime Jurídico dos Procedimentos Administrativos de dissolução e de liquidação de entidades comerciais (DLA)*, Coord: António Menezes Cordeiro, 4ª edição, Almedina, Coimbra, 2021, p. 351, pontos 39 e 42.

35 *V.g.* sócio maioritário, controlador ou dominante que dá ordens ou instruções fora dos seus poderes deliberativos, influenciando/condicionando a atuação deliberativa dos "verdadeiros" administradores (Ricardo Costa, últ. ob. cit. pp. 266 e 267); pessoa declarada inibida para ocupar cargos societários é sócio e comanda os administradores da sociedade; uma sociedade-sócio dominante dá instruções/diretivas aos administradores das sociedades dominadas, condicionando as suas escolhas operativas (J. M. Coutinho de Abreu, últ. ob. cit., p. 100 e Ricardo Costa, "Responsabilidade Civil Societária...", ob. cit., p. 30); terceiros controladores como é o caso de "instituições de crédito", mais concretamente, bancos credores que exercem um controlo exacerbado sobre os administradores das sociedades devedoras (dirigindo e interferindo ativamente na atividade de gestão das suas sociedades-clientes), com o intento primordial de verem garantida a liquidação de mútuos bancários (Ricardo Costa, *Os Administradores de Facto das Sociedades...*, ob. cit., p. 311 e 313). No Direito Gaulês, o comportamento destas instituições de crédito é visto, muitas vezes, como uma manifestação patológica de *"immixtion dans la gestion"*, quando, na verdade, a sua ingerência deveria ser diminuta com a emanação de conselhos sem qualquer força vinculativa, Yves Guyon, *Droit des Affaires,* Tome 2, *Entreprises en difficultés. Redressement Judiciare – Faillite,* 7ª édition, Ed. Economica, Paris, 1999, p. 436.

36 Considerando que esta administração na sombra só será assim qualificada se a influência for realizada em administradores "legalmente" ou "regularmente designados" e, portanto, negando a administração de facto indireta quando a interposta pessoa é, igualmente,

através de "instruções e diretivas que não se bastam com a mera expressão de conselhos, sugestões, desejos ou intenções (...) e, implicitamente, transportam uma expectativa de obediência, ainda que parcial"[38].

O administrador de facto indireto/na sombra nunca materializa decisões próprias nem, tampouco, participa diretamente no tráfico jurídico como se fosse administrador, procurando, *sed contra*, furtar-se da mencionada "transcendência pública" de poder, usando, em contrapartida, a força que possui para influenciar/orientar/instruir a gestão societária[39].

Ricardo Costa fragmenta esta figura em duas subespécies[40]: O administrador de facto indireto oculto e o administrador de facto indireto ostensivo. O indireto oculto será aquele sujeito que, de forma esotérica e confidencial, emana instruções com o intuito de influenciar a gestão da sociedade, procurando passar despercebida a sua ingerência. Por seu turno, será indireto ostensivo quando as instruções se precipitam em atos materiais ou declarações negociais (*v.g.* deliberações dos sócios com ditames impositivos para a gestão da sociedade ou documentos entre sujeitos externos e a administração) dirigidos aos administradores de direito[41].

administradora de facto, José Luis Diaz Echegaray, *El administrador de hecho de las sociedades*, Aranzadi Editorial, Pamplona, 2002, pp. 47 e 138.

[37] Admitindo a possibilidade de a pessoa interposta ser um administrador de facto direto, Ricardo Costa, últ. ob. cit. p. 651 e Rui Pereira Dias, *Responsabilidade por Exercício de Influência sobre a administração de sociedades anónimas. Uma análise de Direito Material e Direito de Conflitos*, Almedina, Coimbra, 2007, pp. 93-94.

[38] Ricardo Costa, últ. ob. cit. p. 653. O Autor adota uma conceção ampla desta administração indireta. Defende que esta existe, mesmo que os administradores dirigidos não sigam, em eventos ocasionais (mantendo esporadicamente a sua independência), as instruções emanadas pelos administradores na sombra, isto é, basta a efetivação da bitola do acatamento habitual das "ordens" do administrador "escondido". – Ricardo Costa, últ. ob. cit. pp. 653 e 657.

[39] Ricardo Costa, últ. ob. cit. p. 648

[40] O Autor apresenta ainda outras duas estirpes que serão empregues atendendo à influência "sofrida" pelo administrador. Se este for completamente subordinado e, nesse seguimento, um mero executor acrítico e maquinal das instruções do administrador na sombra, a administração será *condicionada* (para Ana Perestrelo Oliveira, *Grupos de Sociedades e Deveres de Lealdade. Por um critério unitário de solução do "Conflito de Grupo"*, Almedina, Coimbra, 2018, p. 560 – só esta situação será qualificável como administração na sombra). Por seu turno, se o administrador "oficial" – de direito ou de facto direto – preservar a sua vontade própria, no entanto, precipitada numa exígua proporção face à influência do administrador indireto, a administração será *influenciada* – Ver Ricardo Costa, últ. ob. cit. p. 655.

[41] Ricardo Costa, últ. ob. cit. pp. 653 e 654.

Ora, independentemente da forma como concretiza a sua atuação, será sempre administrador de facto indireto o indivíduo que, em nenhuma circunstância, se autointitula administrador e que se limita a emitir ordens secretas e confidenciais para, desse modo, passar despercebida a sua influência.

Lá fora, é inegável o contributo de PERDICES HUETOS que, no Direito Hispânico, apresentou, equitativamente, uma noção ampla de administrador de facto. Tratou, inclusive, o nosso administrador de facto direto como administrador notório ("los que administran de hecho") e o administrador de facto indireto como administrador oculto ("los que de hecho administran")[42].

Uma vez imbuídos no Direito comparado, será curial perceber, sumariamente, qual o panorama definitório da administração de facto em alguns ordenamentos jurídicos.

No sistema Espanhol (assim como no sistema Italiano) havia uma considerável divisão entre os Autores que defendiam a qualificação de administração fáctica na mera existência de um verdadeira atividade de administração (critério funcional), e os que entendiam ser necessária a existência de um mínimo de legitimação mediante a verificação de requisitos formais (critério formal)[43], requisitos esses que assentavam na obri-

[42] A. PERDICES HUETOS, "Significado actual de los «administradores de hecho»: los que administran de hecho y los que de hecho administran. A propósito de la STS de 24 septiembre 2001", in *Revista de Derecho de Sociedades*, nº 18, Editorial Aranzadi, Pamplona, 2002, pp. 280 e 281; ID: in *Derecho de Sociedades. I. Comentarios a la jurisprudencia*, Volumen II, Diretor: Fernando Rodríguez Artigias, Aranzadi-Thomson Reuters, Navarra, 2010, pp. 2369 e 2370. Com similar catálogo terminológico, vide MIRIAM LOZANO SAIGÍ, "Aproximación jurídica a la figura y régimen de responsabilidad del administrador de hecho", in *Revista Jurídica de Catalunya*, nº 4, Barcelona, 2005, pp. 1061 e 1062 e MARTÍNEZ SANZ/ MARTA BARTLE, "Los Administradores Responsables", in *La Responsabilidad de los Administradores de las Sociedades Mercantiles*, Dirécciòn: Ángel Rojo/Emilio Beltrán, Coordinación: Ana Belén Campuzano, 6ª Edición, Tirant Lo Branch, Valencia, 2016, p. 72.

[43] JOÃO MIGUEL SANTOS CABRAL, "O Administrador de Facto no Ordenamento Jurídico Português", in *Revista do CEJ*, nº 10, Lisboa, 2008, p. 115. Ainda sobre a distinção entre o critério formal e critério funcional para identificar o administrador de facto, citamos NICCOLÒ ABRIANI: "*in linea astratta, la delimitazione della nozione di amministratore di fatto può essere operata atraverso due approcci distinti: il primo, di carattere sostanziale, consiste nell'individuazione degli elementi material della fattispecie in presenza dei quai l'ingerenza nella gestione sociale assurge al rango di un rapporto amministrativo e può far sorgere gli obblighi e le responsabilità ad esso conseguenti, il secondo, viceversa, è constituito dall'identificazione dei requisiti minimi che consentono di dare una legittimazione*

formale all'irregolare assunzione della carica diretiva" (o primeiro critério de que fala ABRIANI é o critério funcional e o segundo exposto é o critério formal) – NICCOLÒ ABRIANI, "Riforma del diritto societario e Responsabilità dell'Amministratore di Fatto: verso una Nozione Unitaria dell'istituto", in *Le Società*, nº 2, 2000, p. 214. Para o critério funcional não é fundamental a existência de uma designação (inválida), mas sim o "exercício de uma real atividade de gestão, pela qual o administrador de facto assume, ainda que não tenha havido qualquer ato de designação nesse sentido, as competências próprias de um administrador de direito" (JOÃO MIGUEL SANTOS CABRAL, últ. ob. cit. p. 126). Por sua vez, o critério formal foi arquitetado pela necessidade de obstar que a sociedade ficasse paralisada pela interdição de atuação dos seus órgãos, uma vez que, com uma designação viciada, os sujeitos não poderiam ser qualificados como administradores *de iure*. Assim, para fazer face a tal lacuna, a designação inválida seria, segundo este critério, condição *sine qua non* para o sujeito ser qualificado como administrador de facto, sendo insuficiente a execução efetiva de funções/atos de administração para a aquisição de tal estatuto. Este último critério é fortemente criticado por parte da doutrina italiana, pois ao condicionar a qualificação como administrador de facto à presença de uma designação irregular/inválida (e, portanto, com uma noção ultra restrita da figura), restringe excessivamente o âmbito de aplicação do estatuto, abrindo consideráveis lacunas de punibilidade e espaços de desresponsabilização notória aquando do exercício ilegítimo de poderes de facto (JOÃO MIGUEL SANTOS CABRAL, últ. ob. cit. p. 124). No nosso entender, esse critério potenciaria a desresponsabilização e instantânea falta de vinculação das sociedades perante terceiros que contactassem com os seus supostos representantes sem qualquer designação, com os consequentes abalos na tutela da confiança daqueles terceiros e nas garantias do tráfego jurídico-comercial (não obstante, existirem institutos não societários que podem conferir essa proteção – *maxime*, o artigo 23º do Decreto-Lei nº 178/86, de 3 de julho). Face a estas criticas, alguma jurisprudência italiana, com tendência formalista, procurou criar a figura da "designação implícita" que, de forma "destapada", seria nada mais que uma ficção de designação para debelar a lacuna de ausência de designação irregular e, assim, aplicar o regime de responsabilidade societária aos sujeitos que realizassem atos de administração desprovidos de qualquer designação (Quanto às criticas negativas a esta figura, ver RICARDO COSTA, *Responsabilidade Civil Societária...* ob. cit. pp. 38 e 39; JOÃO MIGUEL SANTOS CABRAL, últ. ob. cit. p. 123 e 124, as quais sufragamos). Além disso, segundo o critério formalista, uma vez reconhecido o administrador de facto nos termos impostos, poderíamos equiparar esta figura de forma integral aos administradores de *iure*, assim como, a todo o seu corpo legal (JOÃO MIGUEL SANTOS CABRAL, últ. ob. cit. p. 122; RITA FIALHO D'ALMEIDA, "A responsabilidade civil dos administradores de facto", in *JURISMAT – Revista Jurídica*, nº 6, 2015, p. 258). Consideramos que esta equiparação total não é a melhor solução, pois deixaria de ser relevante a existência de uma designação válida. Outrossim, a distinção entre administrador de facto e de direito seria apenas conceitual, sendo aplicado todo o regime societário aos administradores designados (com ou sem vícios). Seguimos, assim, os funcionalistas que defendem uma "equiparação tendencial" (RICARDO COSTA, *Administrador de Facto e Representação...*ob. cit. p. 720, ID., "Sócios como Administradores de Facto..." ob. cit. p. 726; "Administrador de Facto e Artigo 80º...", ob. cit. p. 200; NOGUEIRA SERENS aborda, igualmente, a negação da existência de uniformidade/equipolência entre as funções exercidas pelos administradores de direito e pelos administradores de facto, in gatoriedade de uma manifestação de vontade negocial/designação (ainda que nula, defeituosa, caduca ou ineficaz)[44].

Ainda na doutrina Espanhola, NURIA LATORRE CHINER, ao contrário de PERDICES HUETOS, seguiu um conceito menos amplo de administrador de facto (ainda que assimile o critério funcional[45]). Para a Autora seria administrador de facto aquele indivíduo que exerce, de forma direta, a atividade de gestão equipotente à do administrador de direito.

Segundo esta orientação conceitual seriam de excluir da administração de facto as influências de terceiros/intermediários sobre a gestão da sociedade, *id est*, a administração de facto indireta. A negação desta vertente de administração fáctica na sombra justificava-se, nas palavras da Autora, por motivos de "segurança jurídica"[46-47]

Administradores de sociedades anónimas: da proibição de gerir só dinheiro dos outros à obrigação de prestar caução para o fazer, Almedina, Coimbra, 2012, p. 93, n. 318. Em Itália: FRANCO BONELLI, "La Responsabilità dell'amministratore di fatto", in *Giurisprudenza Commerciale*, Vol. XI, I, 1984, p. 112, n. 13; FABRIZIO GUERRERA, "Gestione «di Fatto» e Funzione Amministrativa nelle Società di Capitali", in *Rivista del Diritto Commerciale e del Diritto Generale delle Obrigazioni*, Roma, 1999, p. 168). Ademais, face às críticas feitas ao critério formalista e também pelo facto de seguirmos uma conceção/noção ampla de administrador de facto (aliás, de superlativa amplitude, como veremos infra) que não se coaduna com tal critério, reconhecemos relevância qualificadora ao critério funcional (Defendendo, outrossim, o critério funcional: RICARDO COSTA, *Responsabilidade Civil Societária...* ob. cit. p. 40; JOÃO MIGUEL SANTOS CABRAL, últ. ob. cit. pp. 126, 127 e 129; RICARDO COSTA, *Os Administradores de Facto das Sociedades...*, ob. cit. p. 983, Em Itália, para além dos últimos autores referenciados, destacamos ALESSANDRO BORGIOLI, "L'amministratore «di fatto» non fallisce", in *Giurisprudenza Commerciale*, Vol. V, II, 1978, p. 600).

[44] RICARDO COSTA, *Responsabilidade Civil Societária...* ob. cit. p. 38; JOÃO MIGUEL SANTOS CABRAL, últ. ob. cit. p. 121.

[45] A figura do administrador de facto advém de um procedimento de designação inválido ou da inexistência absoluta do mesmo. – NURIA LATORRE CHINER, *El administrador de hecho en las sociedades de capital*, Mercatura – Colección Estudios de Derecho Mercantil, Editoral Comares, Granada, 2003, p. 56, ID., "El Concepto de administrador de hecho en el nuevo artículo 133.2 LSA", in *RDM*, Civitas, Madrid, 2004, pp. 873-874.

[46] NURIA LATORRE CHINER, *El administrador de hecho...*, ob. cit. pp. 75, 150, 151, 152, ID., "El Concepto de administrador de hecho..., ob. cit., pp. 871-872, 888.

[47] Ainda, com interesse, vide JOSÉ LUIS DIAZ ECHEGARAY, ob. cit., pp. 33 e 34, com uma visão quadruplicada de administração de facto, a depreender: 1) os administradores *de iure* com cargo caducado; 2) os sujeitos que ocupam formalmente o cargo de administrador, todavia, com designação enferma de um vício formal; 3) os sujeitos que, de facto, exercem a atividade administrativa da sociedade, contudo, sem terem sido formalmente investidos para o efeito e que, ademais, aparecem nas relações exteriores – com terceiros -, como se fossem verdadeiros

Hoje a discussão conceitual espanhola sobre a figura do administrador de facto prefigura-se, grosso modo, ultrapassada através da sua concretização normativa. Com efeito, a *Ley de Sociedades de Capital,* no seu artigo 236º, nº 3 (redação aditada pela Ley 31/2014, de 3 de dezembro) define expressamente administrador de facto na sua conceção ampla (administrador direto e indireto), senão vejamos: "*La responsabilidad de los administradores se extiende igualmente a los administradores de hecho. A tal fin, tendrá la consideración de administrador de hecho tanto la persona que en la realidad del tráfico desempeñe sin título, con un título nulo o extinguido* (administrador de facto direto aparente/*manifesto*), *o con otro título* (administrador de facto direto *dissimulado*), *las funciones proprias de administrador, como, en su caso, aquella bajo cuyas instrucciones actúen los administradores de la sociedad* (administrador de facto indireto)".[48]

No Direito Gaulês, RIVES-LANGE definiu o administrador de facto como qualquer pessoa singular ou coletiva (*v.g.* sociedade dominante numa relação de grupo) que, assumindo as mesmas atribuições de um administrador de *iure,* exerça de facto, com toda a soberania e independência, uma atividade positiva de gestão e direção[49]-[50].

Atualmente, neste ordenamento jurídico, a figura do administrador de facto, quer direto, quer indireto ("*directement ou par personne interposée*"), está legalmente estatuída, sendo exemplos disso os artigos L.241-9, L. 245-6, L. 246-2 e L. 654-1, nº 2 do *Code de Commerce.* Estes preceitos procuram,

administradores; 4) e aqueles sujeitos que sem se apresentarem perante terceiros, controlam a sociedade e a sua gestão, exercendo uma influência decisiva sobre os administradores de direito – administradores na sombra.

[48] Acrescento nosso o que se encontra entre parêntesis e sublinhado.

[49] RIVES-LANGE, "La notion de dirigeant de fait au sens de l'article 99 de la loi du 13 juillet 1967 sur le règlement judiciare et la liquidation des biens", in *Recueil Dalloz,* Chronique, 1975, pp. 41 e 42.

[50] DEDESSUS-LE-MOUSTIER ob. cit. pp. 500 a 508 (A Autora começa por apresentar uma noção negativa de administrador de facto: "*le dirigeant de fait est celui qui dirige une société sans avoir été régulièrement investi par les organes de la société du pouvoir de la représenter. Au regard de cette définition, le dirigeant de fait se distingue essentiellement du dirigeant de droit en ce que ce dernier a été expressément désigné par le statuts ou régulièrement nommé par les organes de la société habilités à le faire*". No decorrer do "artigo" a Autora, na vereda de RIVES-LANGE, apresenta dois critérios basilares de qualificação da figura: atividade positiva de gestão e a independência (ausência de subordinação). Também nesse sentido, olhando para esses critérios como "elementos determinantes", DANIEL TRICOT, "Les Critères de la gestion de fait" in *Droit & Patrimoine,* nº 34, 1996, p. 24 e 27.

essencialmente estender um conjunto de disposições referentes à responsabilidade dos órgãos societários aos administradores ou gerentes de facto, diretos ou indiretos[51].

No Direito Anglo-Saxónico/Britânico, a definição de administrador de facto (*de facto director*) mereceu um forte destaque jurisprudencial. Foi no processo *Re Hydrodan (Corby) Ltd* que se extraiu um dos mais relevantes cânones delimitadores da definição de administrador de facto. Neste aresto, o administrador de facto surge definido como *"a person who assumes to act as a director by the company, and claims and purports to be a director although never actually or validly appointed as such. To establish that person was a de facto director of a company, it is necessary to plead and prove that he undertook functions in relation to the company which could properly be discharged only by a director. It is not sufficient to show that he was concerned in the management of the company's affairs or undertook tasks in relation to its business which can properly be performed by a manager below board level"*[52] (administração de facto qualificada em conformidade com a atividade efetivamente desempenhada – critério funcional)[53]-[54].

Apesar do considerável espólio jurisprudencial, o Direito positivo Inglês já engloba o administrador de facto direto[55] na definição de *director* desde o *Companies Act* de 1900, sec. 30 § (3)[56]. Tal preceito foi reproduzido pelo

[51] Gonçalo Nogueira, "Os Credores Controladores enquanto Administradores de Facto Indiretos da Sociedade Financiada" in *RDS*, VIII, Nº 4, 2016, p. 990.

[52] Nesta decisão, foram, igualmente, sintetizados os traços basilares de identificação do *shadow director*, sendo, na sua ótica, indispensável identificar/provar/alegar os seguintes factos: 1) quem são os administradores *de iure* e de facto da sociedade; 2) que o sujeito influenciou a forma de atuar desses administradores em relação à sociedade (considerando, destarte, que a qualificação existe ainda que o administrador influenciado seja, também ele, de facto – acrescento nosso); 3) que os administradores agiram de acordo com essa influência; 4) e que estivessem acostumados a agir dessa forma – aresto disponível em www.swarb.co.uk.

[53] João Miguel Santos Cabral, últ. ob. cit. p. 114.

[54] No Direito Norte-Americano, James Cox e Thomas Hazen apresentam, por sua vez, uma noção restrita e, aparentemente, seguem um critério formalista (designação ilegal/irregular ou inelegibilidade do sujeito nomeado) de Administração de Facto. Para os Autores *"an officer de facto is a person who is in possession of an office and is exercising the functions thereof under color of authority, but who falls short of being a de jure officer because of some illegality or election irregularity or because he or she is ineligible for the office or has failed to qualify for it. By «color of authority» it is meant authority derived from an election or appointment, however informal, so that the incumbent is not a mere volunteer"*, In *On Corporations*, Second Edition, Vol. I, Aspen, New York, 2003, pp. 363-364.

[55] João Miguel Santos Cabral, últ. ob. cit. p. 114.

[56] *"The expression «director» includes any person occupying the position of director, by whatever name called"*.

atual *Companies Act* de 2006, na sua secção 250, sendo, nesse seguimento, qualificado como diretor qualquer sujeito que ocupe tal posição, seja qual for o nome que ostente[57]. Este dispositivo legal na seguinte secção (251, § (1)) define o administrador de facto indireto (*shadow director*) como "uma pessoa cujas diretrizes ou instruções os administradores de uma sociedade estão habituados a seguir na sua atuação"[58].

Estas definições permitem-nos concluir que o sistema Britânico segue uma noção menos restrita de administrador ao consagrar as vertentes diretas e indiretas de administração. À primeira vista, acompanha, igualmente, o critério funcional para identificar a figura. Sem prescindir dessa conclusão, entendemos, no entanto, que o legislador Britânico aplica o critério funcional, mas de forma mitigada, uma vez que, ao encaixar o administrador de facto direto dentro da definição de *director*, acaba por corporificar uma equiparação total entre o administrador *de iure* e o administrador de facto direto, sendo esta harmonia total uma das componentes do critério formal[59]. Tal mitigação será inexistente no caso dos *shadow directors*, pois, com efeito, não existe essa automática equiparação, aplicando-se, somente, alguns dos "instrumentos legais" dirigidos para os directors (de direito e de facto direto)[60]-[61]-[62].

[57] Ricardo Costa, *Os Administradores de Facto das Sociedades...*, ob. cit. pág. 225.

[58] Tradução de Ricardo Costa, últ. ob. cit. 226. Texto original da Secção 251 § (1): "*In the Companies Acts «shadow director», in relation to a company, means a person in accordance with whose directions or instructions the directors of the company are accustomed to act*".

[59] Ver supra nota 43.

[60] Vide Ricardo Costa, últ. ob. cit. pp. 227 a 231 (apresenta vários exemplos de disposições legais britânicas onde se releva, outrossim, a atuação do administrador na sombra)

[61] Note-se que no *Companies Act* Jamaicano de 2004, a definição de *shadow director* encontra-se integrada no conceito de *director* ("*includes any person who occupies the position of a Director by whatever name called and also a shadow director.*") – dissonante do sistema Britânico – apresentando-se aquela figura com o seguinte significado: "*shadow director in relation to a company, means a person in accordance with whose directions or instructions the directors of the company are accustomed to act, so, however, that a person is not deemed a shadow director by reason only that the directors act on advice given by him in a professional capacity*". Apesar de tal integração, apenas se aplicam algumas das secções do diploma ao *shadow director*, na esteira do que sucede no *Companies Act* Britânico.

[62] Com um modelo definitório e aplicativo similar ao Companies Act de 2006, veja-se o Companies Act de 2014, da República da Irlanda, mais concretamente, a secção 222 sobre o *de facto director* e a secção 221 sobre o *shadow director*.

Na Alemanha parece, igualmente, existir uma conceção ampla e funcional da *Faktischer Geschäftsführer* ("qualquer pessoa que, mesmo na ausência de uma investidura formal, tenha concretamente dirigido a gestão dos negócios sociais")[63].

Note-se que, atualmente, a Lei das Sociedades Anónimas (AktG) Tedesca apresenta no seu § 117 (1) uma noção de administrador de facto indireto, sendo positivada, neste preceito, a responsabilidade daqueles sujeitos que exercem a sua influência na sociedade[64].

Por fim, terminamos este pequeno trilho com o contributo Italiano. De facto, a colaboração doutrinal e jurisprudencial deste ordenamento jurídico é inegável e irrenunciável[65]. As primeiras tentativas de definição de administrador de facto foram implementadas pela sua jurisprudência penal com o intento de estender a responsabilidade própria dos administradores *"a chi avesse svolto di fatto la funzione amministrativa de qua, pur essendo privo di una nomina regolare, ovvero dei requisiti necessari per potere svolgere l'incarico"*[66].

No que toca à influência doutrinal, é impossível discorrer sobre a figura do administrador de facto em Itália sem mencionar o "Projeto Ascarelli". Com efeito, Tullio Ascarelli, na locução de Niccolò Abriani, foi o "Maestro" da criação teórico-doutrinal do instituto. Curiosamente, Ascarelli começou por definir o instituto através da administração fáctica indireta. Seria, assim, qualificado como administrador indireto (e responsabilizado a par do administrador de direito) aquele sujeito que estivesse, efetivamente, apto a administrar a empresa, sujeitando os administradores ao seu próprio comando. Mais tarde, o mesmo Autor, apresentou uma proposta legislativa no sentido de positivar, nos escritos legais, uma disposição de caráter geral com o intuito de responsabilizar, a par dos administradores de direito, todos os sujeitos que, sem uma investidura formal, realizassem de modo contínuo e significativo os poderes/funções dos

[63] Niccolò Abriani, Riforma del diritto societario..., ob. cit. p. 213. (Vide, nesta página, outros planos "definitórios", mais concretamente, nos ordenamentos jurídicos Neerlandês, Belga e Suíço).

[64] João Miguel Santos Cabral, últ. ob. cit. p. 115, n. 15.

[65] João Miguel Santos Cabral, últ. ob. cit. p. 115.

[66] Foi, aliás, a *Cassazione Penale* de Torino que, de um modo genérico, definiu como administradores de facto *"tutti coloro che si siano ingeriti nell'amministrazione della società, ancorchè non legalmente designati o autorizati a tale ufficio"*, Oreste Cipolla, "L'amministratore di fatto nell'evoluzione interpretativa del nostro sistema giuridico", in *Le Società*, nº 2, 2004, p. 255.

administradores "qualificados"[67] (estando, desse modo, definido, também, o administrador de facto direto).

Não obstante ser um tema debatido desde os finais do século XIX[68], manteve-se agitada, por muito tempo, a discussão sobre o critério catalisador da administração de facto: o critério formalista e o critério funcionalista[69]. Efetivamente, os doutos ensinamentos de ASCARELLI foram nevrálgicos para as novas posições jurisprudenciais. A *Cassazione Civile,* começou por superar o critério formalista[70], seguindo tendencialmente o critério funcional[71] onde a existência de uma designação (irregular, viciada ou "implícita"[72]) não se evidencia como *conditio sine qua non* da definição em análise.

Apesar dos sucessivos projetos legislativos orientados para a consagração legal da figura[73], somente no *Decreto Legislativo 11 aprile 2002, nº 61* (que alterou o teor do artigo 2639 do *Codice Civile*[74]*)*, se fixou a normatização da figura do administrador de facto, ainda assim, com aplicação reservada aos ilícitos penais nas sociedades comerciais[75]. Esta noção positivada seguiu

[67] NICCOLÒ ABRIANI, *Gli Amministratori di Fatto...*, ob. cit., pp. 30-31, ID., Riforma del diritto societario..., ob. cit. p. 212.

[68] ORESTE CIPOLLA, ob. cit. p. 255.

[69] Vide nota 43.

[70] A queda do critério formalista começou a desenhar-se na primeira metade dos anos noventa do século passado. A jurisprudência começou a qualificar como administrador de facto aquele sujeito que interfere na atividade gestória, ainda que na ausência de qualquer investidura formal, irregular ou implícita – GUILIA TERRANOVA, "Amministratori di Fatto", in *Il Societario (La Bussola),* Giuffrè Francis Lefebvre, 2018 (http://ilsocietario.it/bussola/amministratori-di-fatto).

[71] Essa tendência também foi patenteada por LUIGI SALVATO, in "Il «revirement» della Suprema Corte in materia di responsabilità dell'amministratore di fatto. Il Commento", in *Le Società*, nº 7, 2001, p. 812 e ss. O Autor também deixa o seu contributo conceitual: *"l'amministratore di fatto può essere efficacemente definito come il "soggetto", privo della veste formale di amministratore per la mancanza di nomina assembleare che in fatto si ingerisce nella direzione dell'impresa sociale: impartisce istruzioni agli amministratori ufficiali, ne condiziona le scelte operative, trata direttamente con i terzi"*. in últ. ob. cit. p. 811.

[72] Sobre esta terminologia, vide nota 43.

[73] JOÃO MIGUEL SANTOS CABRAL, últ. ob. cit. p. 115.

[74] *"Per i reati previsti dal presente titolo al soggetto formalmente investito della qualifica o titolare della funzione prevista dalla legge civile* ***è equiparato sia chi è tenuto a svolgere la stessa funzione, diversamente qualificata, sia chi esercita in modo continuativo e significativo i poteri tipici inerenti alla qualifica o alla funzione*** (negrito nosso)".

[75] JOÃO MIGUEL SANTOS CABRAL, últ. ob. cit. p. 116.

a orientação jurisprudencial e doutrinal do final do século passado/início do presente século que se direcionavam para o critério funcional, sendo, nessa sequência, qualificado como administrador de facto aquele sujeito que exerce de forma continua e significativa os poderes típicos de administração.

Esta continuidade e *"significatività"*, na conceção adotada, não comportam, necessariamente, o exercício efetivo de todos os poderes conferidos ao órgão de administração, mas, apenas e só, o exercício apreciável de atos de gestão. Por seu turno, não seria suficiente para a qualificação a sua prática episódica ou ocasional[76].

Na sobredita noção estatuída conseguimos encontrar o administrador de facto direto, quer aparente/manifesto (***"chi esercita in modo continuativo e significativo i poteri tipici inerenti alla qualifica o alla funzione"***), quer o oculto sob outro título/dissimulado (***"chi è tenuto a svolgere la stessa funzione, diversamente qualificata"***), no entanto, a administração de facto indireta ainda está sob a alçada da jurisprudência[77] e da doutrina já referenciada.

Aqui chegados, constatamos que hoje, em alguns ordenamentos jurídicos, a discussão conceitual da figura do administrador de facto está sensivelmente profligada com a previsão textual/legal dos seus elementos caracterizadores (para além dos contributos doutrinais e jurisprudenciais).

Resumidamente, os ordenamentos jurídicos citados (inclusive, o nacional) seguem, de modo tendencial, o critério funcional, colocando o "acento tónico" na efetivação de atos de gestão/administração ou na produção de atos de direção/controlo/influência sobre quem, efetivamente, gere a sociedade. É certo que existem algumas nuances definitórias, como é o caso do sistema Italiano que coloca em evidência o exercício reiterado e significativo (*rectius*, não esporádico) de atos de administração, e o caso

[76] GIUSEPPE DEBERNARDI, "Sulla Responsabilità dell'Amministratore di Fatto per omesso controllo sull'operato dell'Amministratore di Diritto", in *Giurisprudenza Italiana*, nº 5, Utet Giuridica, 2013, p. 1177; Vide, igualmente, a decisão judicial da *Cassazione Penale Sez. V*, Sentença n,º 35346, de 22 de agosto de 2013 (in https://www.brocardi.it/massimario/59890.html) e a mais recente decisão da *Cassazione Penale Sez. V*, Sentença n,º 2714, de 23 de janeiro de 2020 (in https://www.neldiritto.it)

[77] Vide a Sentença nº 2586, da *Cassazione Civile Sez. V.*, de 5 de fevereiro de 2014 (in https://www.brocardi.it/massimario/24022.html): *"la figura dell'amministratore di fatto nella persona di cui sia stato accertato l'avvenuto inserimento nella gestione di impresa, desumibile dalle direttive impartite e dal condizionamento delle scelte operative"*.

da definição ampla de COUTINHO DE ABREU/ELISABETE RAMOS que patenteiam o exercício da atividade sem subordinação (*rectius*, de modo independente)[78].

Ao contrário das tendências que se têm verificado noutros ordenamentos (mormente, o Espanhol e Italiano) que, nos últimos anos, têm normatizado o conceito de administração de facto, o nosso ordenamento ficou-se pelo reconhecimento legal desta figura em termos penais[79], insolvenciais[80] e tributários[81], sem, no entanto, apresentar a sua concreta definição legal. Essa tarefa foi deixada a cargo da doutrina que tem procurado, de forma sucessiva, apresentar uma noção-paradigma da figura em análise[82].

Vejamos, por ora, de forma mais detalhada, o contributo de alguns Autores nacionais.

No início do presente trecho, identificamos a noção ampla de administrador de facto apresentada por COUTINHO DE ABREU e ELISABETE

[78] RUI PEREIRA DIAS, sublinhando a essencialidade do exercício reiterado e sistemático de atividade de gestão, considera que, apesar de COUTINHO DE ABREU/ELISABETE RAMOS omitirem na sua definição esses elementos de repetição comportamental, acabam por aceitá-la implicitamente ao apontarem a vantagem de disposições como o artigo 83º, nº 4 do CSC e o artigo 379º, nº 1 do Código de Trabalho, para os administradores de facto na sombra, por possibilitarem "alguma certeza (inclusive, não tem de averiguar-se se a influência é ou não habitualmente exercida)". – últ. ob. cit. pp. 131, n. 345, e 132.

[79] Artigos 12º, nº 1 e 227º, nº 3 do CP.

[80] Artigo 17º-D, nº 13 do CIRE (no âmbito de Processo Especial de Revitalização), artigos 23º, nº 2, alínea b), 35º, nº 1, 36º, nº 1, alínea c), 49º, nº 2, alínea c), 82º, nº 3, alínea a), 186º, nºs 1, 2 e 3, 189º, nº 2, alínea a) e 222º-D, nº 11, todos do CIRE.

[81] Artigo 24º, nº 1 da LGT.

[82] Note-se que a normatização definitória ocorrida noutros ordenamentos fundou-se, *prima facie*, num objetivo de codificar a responsabilidade por *mala gestio* de todos aqueles que realizam atos de administração sem a qualificação legal de administrador. A CMVM, impulsionadora da Reforma de 2006 do CSC, considerou desnecessário positivar a figura do administrador de facto para efeitos de responsabilidade e, igualmente, escusada a precisão jurídico-normativa do seu conceito. Segundo esta perspetiva, o uso da metodologia jurídica seria suficiente para aplicar ao administrador de facto o regime dos artigos 72º e ss. do CSC. in CMVM, *Governo das Sociedades anónimas: propostas de alteração ao Código das Sociedades Comerciais, Processo de Consulta Pública nº 1/2006*, janeiro de 2006, pp. 16-17 (in https://www.cmvm.pt). Vide, também, RICARDO COSTA, *Os Administradores de Facto das Sociedades...*, ob. cit., pp. 238 a 240 (crítico em relação a esta orientação). Afigura-se-nos que esta perspetiva do CMVM olha para o administrador de facto com uma configuração única. No entanto, existe uma multiplicidade tipológica de administração fáctica (com e sem valência jussocietária, como exporemos infra) que não poderá ser desconsiderada e que, como veremos, não significará uma aplicação automática do regime societário.

RAMOS[83]. Nela, os Autores consideram decisiva a prática de atos de administração[84] sem subordinação, para podermos atribuir o estatuto de administrador de facto ao sujeito desprovido de legitimidade formal.

Por sua vez, JOÃO MIGUEL SANTOS CABRAL seguindo de forma aproximada NICCOLÒ ABRIANI, entende que o exercício efetivo de atividade de gestão não é suficiente para "dotar o conceito da necessária operatividade e previsibilidade"[85]. Para este Autor, existe uma multiplicidade de requisitos irrenunciáveis para ser reconhecida a administração fáctica, quais sendo: a) ausência de uma legitimação formal para atuar como administrador; b) exercício continuado de funções de gestão; c) que essas funções estejam reservadas por lei aos administradores de direito; d) exercício das funções com autonomia decisória; e e) substituindo ou colaborando com os administradores designados[86-87].

Com efeito, cremos que os requisitos aduzidos pelo Autor são relevantes para a qualificação de um sujeito como administrador de facto legitimado e jussocietariamente relevante[88], no entanto, alguns deles supérfluos para abarcar a pluralidade de hipóteses de administração fáctica, ainda que não legitimada. Isto porque, apesar do inegável mérito destas definições veiculadas, seguimos uma noção de superlativa amplitude de administração de facto.

Na nossa conceção, necessariamente funcional, será administrador de facto aquele sujeito que, sem título bastante, realiza/pratica, direta ou indiretamente, um ou mais atos de administração em sentido amplo (que abrange a gestão/atividade/representação interna e/ou representação perante terceiros)[89].

[83] Seguindo esta noção, GONÇALO NOGUEIRA também define os administradores de facto como "sujeitos que exercem, direta ou indiretamente, e de modo autónomo, funções próprias de administração" in ob. cit. pp. 991 e 992.

[84] Administração em sentido amplo, que abarca a gestão/atividade/ representação interna e representação externa.

[85] JOÃO MIGUEL SANTOS CABRAL, últ. ob. cit. p. 130.

[86] JOÃO MIGUEL SANTOS CABRAL, últ. ob. cit. p. 130.

[87] NICCOLÒ ABRIANI, apresentando um conceito semelhante, qualificou o administrador de facto como sendo aquele sujeito que: "*a) in assenza di una efficace deliberazione assembleare di nomina, abbia esercitato, b) in modo continuativo, c) funzioni riservate agli amministratori di diritto della società, d) com autonomia decisionale, in posizione sostitutiva o anche meramente cooperativa, ma non subordinata, rispetto a questi ultimi*", in *Gli Amministratori...*, ob. cit., p. 223, ID., in "Riforma del diritto societario..." ob. cit., p. 220;

[88] Conceito criado por RICARDO COSTA e que desenvolveremos infra.

[89] Seguimos, destarte, o conceito apresentado por RICARDO COSTA sendo, na sua ótica, administradores de facto os "indivíduos que, sem provimento, desempenham as tarefas

Por via disso, entendemos que existirão apenas dois requisitos fundamentais e irrenunciáveis para a habilitação da figura do administrador de facto: 1) a falta de um título administrativo em vigor e gerado por uma nomeação válida, porque nunca existiu ou, porque perdeu a sua eficácia ou, porque nunca foi eficaz – pressuposto negativo[90] e 2) exercício positivo de funções de administração em sentido amplo – gestão/representação interna e/ou representação externa.

Relativamente a este último requisito, para estarmos na presença de um administrador de facto material (legitimado ou não Legitimado), reputamos como exigível a existência de uma "intensidade qualitativa"[91] "do comando e planeamento gerais no que toca ao destino comercial e financeiro da sociedade, ao provimento dos recursos humanos e materiais, atendendo à dimensão da sociedade e ao tipo de actividade societária"[92]. Nestes termos, não bastará a prática de um ato de administração em sentido amplo de "gestão corrente" e/ou "governo técnico" do dia a dia[93].

Veremos, por outro lado, que a "intensidade qualitativa" não será requisito relevante para os administradores de facto *ope legis* (infra, ponto 2.1.1.1). A sua legitimação advém da lei e "basta-se com a simples prática de actos de Administração", com ou sem a citada "intensidade"[94].

inerentes à administração: decidem e, eventualmente, tratam dos negócios sociais na primeira pessoa, agindo na posição dos administradores de direito sem qualquer intermediário (administrador de facto direto, com notoriedade ou não na relação com terceiros), ou atuam indiretamente sobre a administração instituída, impondo as suas instruções e condicionado as escolhas operativas dos administradores de direito (ou até dos administradores de facto diretos), que invariavelmente as acatam sem liberdade de análise (administradores de facto oculto ou indireto, o *shadow director* dos anglo-saxónicos)" In "Responsabilidade Civil Societária...", p. 30. É certo que o Autor, nesta obra, apresenta uma série de qualidades/características para o sujeito adquirir a qualificação como administrador de facto (para além das identificadas no conceito acima referenciado). No entanto, mais tarde, na sua tese de Doutoramento, Ricardo Costa olha para essas qualidades/características como pressupostos de legitimação e de aquisição da qualidade de administrador de facto jussocietariamente relevante/ legitimado (in *Administradores de Facto...* p. 658 e ss). Nesta reconhece, inclusive, a figura do administrador de facto não legitimado ao qual falta o preenchimento de alguns dos critérios de legitimação (in *Administradores de Facto...*, p. 864), carecendo de uma valência societária, mas não do predicado de administrador de facto. Estes conceitos serão esmiuçados nos próximos pontos do presente capítulo.

[90] Ricardo Costa, últ. ob. cit. p. 670.

[91] Vide infra – capítulo 2.1.1.2, ponto B).

[92] Ricardo Costa, "Responsabilidade Civil Societária...", ob. cit. p. 29, n. 4.

[93] Expressão de Ricardo Costa, *ibidem*.

[94] Ricardo Costa, Os Administradores de Facto..., ob. cit. p. 646.

Note-se que reconhecemos um profundo mérito à noção ampla avançada por COUTINHO DE ABREU e ELISABETE RAMOS (aliás, "bebemos" dela para esculpir a nossa noção superlativa), no entanto, entendemos que a independência/ausência de subordinação não poderá ser utilizado como critério/elemento basilar do conceito.

Seguindo esta noção ampla, mas não superlativa, nunca conseguiríamos ter um administrador de facto direto subordinado (ainda não qualificado[95]) como executor mecânico e acrítico das ordens emanadas por administrador de facto indireto subordinante[96], uma vez que, o primeiro careceria de autonomia funcional[97]. Posto isto, sendo a ausência de subordinação vislumbrada como um elemento imprescindível para a qualificação da figura, não poderíamos atribuir a qualidade de administrador de facto (*maxime*, direto) ao sujeito desprovido de um título formal que executa de forma maquinal atos de administração, sob a direção de outro sujeito igualmente despido de legitimidade formal. No entanto, perante a nossa noção de superlativa amplitude da figura, concebemos a qualificação do administrador de facto direto (ainda que não legitimado, como veremos infra) enquanto tal, ainda que seja, apenas e só, uma *longa manus* do administrador de facto indireto. Sendo certo que, para seguir essa sequência lógica, nunca poderíamos olhar para a ausência de subordinação como um pressuposto incontestável da noção.

Em jeito de síntese, embora, apresentemos um conceito de administrador de facto com elevada amplitude, com o verdadeiro intento de englobar

[95] RICARDO COSTA, entende que temos administrador de facto indireto mesmo nas situações em que este influencia a atuação de administrador de facto direto. No entanto, parece que este último terá que estar já qualificado, ou seja, antes da ingerência do indireto, o sujeito influído já teria que ser classificado como administrador de facto direto, sendo esta atuação irrelevante para a aquisição dessa qualidade. In *Os Administradores de Facto...*, ob. cit. p. 651.

[96] Vide, supra, nota 40 com a identificação da subespécie de administração condicionada.

[97] Trazendo "à tona" este problema, mas para considerar que o administrador de facto indireto nunca poderia influenciar um administrador de facto direto, por faltar, neste último, o requisito essencial da independência/autonomia, e, desse modo, afirmando que o sujeito sob o jugo do indireto nunca poderia deixar de ser um administrador de *iure*. GONÇALO NOGUEIRA, ob. cit. p. 999, n. 46 (Vide, supra, nota 36 com doutrina que não integra na noção do administrador na sombra a influência deste sobre administrador de facto direto). Acrescente-se, ainda assim, que na hipótese de o administrador de facto direto ter sido qualificado como tal antes da influência do administrador indireto, esse problema não se coloca. RICARDO COSTA, últ. ob. cit. p. 651, que dá relevo à qualificação prévia. Vide, inclusive, nota 95.

vários tipos de administração fáctica[98], não negligenciamos a compleição "caótica e desordenada"[99] do conceito, que poderá justificar a aplicação de disciplinas legais societárias e/ou outros preceitos comerciais e cíveis.

Como já demos conta, existem dois grandes tipos de administrador de facto, o direto e indireto. No entanto, a atuação de cada um dos administradores desses tipos poderá ser, substancialmente, heterogénea. Heterogeneidade, essa, que nos obriga a escrutinar caso a caso. Heterogeneidade, essa, que nos força a examinar a quantidade de administração, a ausência/existência de autonomia e a ausência/existência da aquiescência da sociedade. Características essas que, no seu todo, são irrelevantes para considerar o sujeito administrador de facto, mas de supra importância para aferir, em certos casos, a sua valência jussocietária.

Ora, nos próximos pontos da presente rúbrica, iremos destrinçar as categorias de administração fáctica com relevo jussocietário, já definidas graças ao primoroso contributo de RICARDO COSTA, e desenvolver a figura do administrador de facto sem valência societária, difundido por este último Autor, como administrador de facto não legitimado[100], sendo todos, na nossa conceção, modelos de administração de facto.

2.1. Categorias/Modelos de administração fáctica

2.1.1. O administrador de facto jussocietariamente relevante

Como ficou descrito supra, o Fundador da terminologia de qualificação da administração fáctica jussocietariamente relevante, em Portugal, foi RICARDO COSTA[101]. De facto, o Autor entende que estamos na presença de um administrador de facto, com relevo societário, através do preenchimento de uma série de requisitos/pressupostos de legitimação material[102], ou seja, direciona a administração fáctica jussocietariamente relevante para a categoria do administrador de facto legitimado (figura que iremos abordar infra).

[98] Reconhecendo, também, a existência de uma ambiguidade terminológica da administração de facto, FABRIZIO GUERRERA, ob. cit. p. 133 e RITA FIALHO D'ALMEIDA, ob. cit. p. 255.

[99] RICARDO COSTA, *Os Administradores de Facto...*, ob. cit. p. 664.

[100] RICARDO COSTA, últ. ob. cit. p. 864, n. 1919.

[101] RICARDO COSTA, *Administrador de Facto e Representação...*ob. cit. p. 720; ID., "Sócios como Administradores de Facto..." ob. cit. p. 726; "Administrador de Facto e Artigo 80º...", ob. cit. p. 200; *Os Administradores de Facto...*, ob. cit., p. 864.

[102] RICARDO COSTA, *Administrador de Facto e Representação...*ob. cit. p. 720; ID., "Sócios como Administradores de Facto..." ob. cit. p. 726; "Administrador de Facto e Artigo 80º...", ob. cit. p. 200;

Pois bem, para efeitos puramente conceituais e estruturais, consideramos, diversamente, que o administrador de facto jussocietariamente relevante será aquele sujeito cuja atuação será pautada/comedida/supervisionada, essencialmente, pelo Direito societário. Tendo por base esse seguimento, graduamos esta administração de facto em duas categorias de administrador: 1) O administrador de facto com reconhecimento legal ou *ope legis*[103] e o 2) administrador de facto legitimado[104].

2.1.1.1. O administrador de facto *ope legis*

Existem certas manifestações societárias que nos permitem descodificar atribuições legais de poderes de administração a quem não tem um título jurídico-formal. Há, portanto, normas do CSC que, atendendo à sua teleologia, contexto de aplicação e à realidade extrainstitucional, preconizam uma imposição do elemento fáctico na posição desses sujeitos[105]. Segundo Ricardo Costa (Maestro desta "orquestra doutrinal"), deve ser feita uma interpretação objetivo-atualista e histórico-evolutiva destes preceitos de modo a qualificar os sujeitos, por eles abrangidos, como administradores de facto. Assinale-se que estes serão, inquestionavelmente, administradores jussocietariamente relevantes, porque reconhecidos pela própria lei societária. Não obstante, esta administração não deixa de ser fáctica, porque lhe falta o título formal/regular que confere, por sua vez, legitimidade formal à administração de *iure*[106].

Ricardo Costa apresenta e esquadrinha inúmeros casos de administradores de facto reconhecidos por lei/*ope legis*, quais sendo: "a) os administradores das sociedades diretoras e dominantes em relação de grupo por contrato de subordinação ou domínio total[107]"; "b) administradores

[103] Ricardo Costa, *Os Administradores de Facto...*, ob. cit. p. 643 e ss.

[104] Ricardo Costa, últ. ob. cit. p. 658 e ss.

[105] Ricardo Costa, *Administrador de Facto e Representação...*, ob. cit. p. 725; ID., *Os Administradores de Facto...*, ob. cit., pp. 643 e 644.

[106] Ricardo Costa, *Administrador de Facto e Representação...*ob. cit. p. 726; ID., *Os Administradores de Facto...*, ob. cit. p. 644.

[107] Ver artigo 504º, nº 1 e 2 do CSC. Com uma maior dedicação, vide Ricardo Costa, *Os Administradores de Facto...*, ob. cit. p. 289 e ss. Com opinião distinta, vide Soveral Martins, *Administração de Sociedades Anónimas e Responsabilidade dos Administradores*, Almedina, Coimbra, 2020, p. 197 (defende que o exercício de poder de domínio sobre a sociedade dominada/subordinada, uma vez conferido legalmente, impede a qualificação da sociedade dominante como administradora de facto).

e gerentes que, depois de ocorrido o termo do prazo por quem foram eleitos ou o termo de duração previsto aquando da sua designação, se mantêm em funções até nova designação[108]"; c) "administradores que, afetados por incapacidade ou incompatibilidade supervenientes, exercem o cargo até à declaração de «termo das funções» do órgão de fiscalização[109]"; d) "sócios que gerem temporariamente a sociedade por quotas e a sociedade em comandita podem ser administradores de facto, desde que exerçam funções de administração ou pratiquem atos até à designação de novos gerentes ou administradores[110]"; e e) "ex-administradores de direito das sociedades dissolvidas e em liquidação, no arco dos deveres (e respetivas funções de gestão e representação externa) atribuídos pelos artigos 145º, nº 2 e 149º, nº 2", ambos do CSC[111-112].

Esta categoria, nas suas múltiplas facetas, embora não seja formalmente legitimada[113], pois aí estaríamos no campo da administração de direito, é legalmente legitimada (porque, legalmente estatuída). São as normas que conferem, nas doutas palavras de Ricardo Costa, o "direito de cidadania" a esta concreta administração de facto. Assim, a estes administradores de facto com previsão legal, não lhes é exigível o preenchimento de todos os pressupostos cumulativos de legitimação material que permitem definir o administrador de facto legitimado (pressuposto negativo de ausência de nomeação, "intensidade qualitativa", atuação com autono-

[108] Ver artigos 391º, nº 5, 1ª parte, e 425º, nº 3, 1ª parte, ambos do CSC (aplicação direta ou analógica no caso das sociedades por quotas – Menezes Cordeiro, "Sociedade por quotas – Poderes do Gerente – Cessação de Funções" in *RDS*, I, Nº 1, 2009, p. 235). Com mais detalhes, vide Ricardo Costa, últ. ob. cit. p. 385 e ss. Com leitura distinta, defendendo que são administradores de direito por não terem, ainda, cessado funções, vide Soveral Martins, últ. ob. cit. p. 197.

[109] Este exercício será "conjugado com prazo legal de 30 dias para remover a incompatibilidade superveniente". Ricardo Costa, últ. ob. cit. p. 645, n. 1355. Ver artigo 401º do CSC. Com um estudo minucioso, vide Ricardo Costa, últ. ob. cit. p. 399 e ss. Com posição distinta, Soveral Martins, últ. ob. cit. pp. 197 e 198.

[110] Ver artigos 253º, nºs 1 e 2, e 470º, nº 4, ambos do CSC. Sobre este tipo de administração vide, Ricardo Costa, últ. ob. cit. p. 477 e ss.

[111] Sobre este tipo de administração de facto *ope legis*, vide Ricardo Costa, últ. ob. cit. p. 611 e ss. Diversamente, defendendo que estes sujeitos ainda são administradores de *iure*, Soveral Martins, últ. ob. cit. p. 198.

[112] Ricardo Costa, *Administrador de Facto e Representação*...ob. cit. p. 727; ID., *Os Administradores de Facto*..., ob. cit. p. 645.

[113] Porque não cumpre os requisitos formais de uma nomeação regular.

mia/independência, "intensidade quantitativa" e aquiescência/tolerância da sociedade[114] – que desenvolveremos, infra), mas, tão-só, o desempenho real de atos de administração[115] (gestão/representação interna e/ou representação externa), com ou sem "intensidade qualitativa".

2.1.1.2. O administrador de facto legitimado

A figura do administrador de facto legitimado é, igualmente, ao lado do *ope legis*, um modelo de administração de facto jussocietariamente relevante. No entanto, ao contrário deste, que se revela por intermédio de uma legitimação legal, o legitimado surge com o cumprimento de uma série de pressupostos/critérios que lhe conferem uma legitimação material (não formal, não ostenta um título formal, pois aí seria administrador de *iure*; obtém, antes, um título executivo-funcional[116]). Cumpridas essas determinações, esse administrador de facto estará habilitado para uma relação orgânica com a sociedade e à equiparação tendencial ao administrador de *iure*[117]. Consequentemente, poderão ser aplicadas ao administrador de facto legitimado as leis societárias e insolvenciais, por aplicação extensiva/ direta[118].

Reitere-se que os pressupostos/requisitos têm de ser preenchidos de forma cumulativa, pelo que "caindo por terra" um deles, falece, outrossim, a legitimação material.

Pois bem, concretizemos.

[114] Ricardo Costa, *Administrador de Facto e Representação*...ob. cit. p. 721 e 722 e Ricardo Costa, *Os Administradores de Facto*..., ob. cit. p. 670 e 671.

[115] Ricardo Costa, *Os Administradores de Facto*..., ob. cit. p. 646. O mesmo acontece com o administrador de facto com designação inválida (pode ser configurado como uma terceira categoria com relevo societário) que apenas precisará de uma atividade positiva de administração para ser qualificado como administrador de facto jussocietariamente relevante. Sobre este *tertium genus*, sem legitimação legal e a prescindir da plenitude de legitimação material, vide Ricardo Costa, últ. ob. cit. p. 843 a 846.

[116] Usado o critério funcional para definir este administrador de facto jussocietariamente relevante.

[117] Ricardo Costa, *Administrador de Facto e Representação*...ob. cit. pp. 719 a 721; ID., "Sócios como Administradores de Facto..." ob. cit. pp. 725 a 727; "Administrador de Facto e Artigo 80º...", ob. cit. pp. 199 a 202; *O Sócio Gestor*, Almedina, Coimbra, 2017, p. 46.

[118] Ricardo Costa, *Administrador de Facto e Representação*...ob. cit. p. 720; ID., "Sócios como Administradores de Facto..." ob. cit. p. 726; "Administrador de Facto e Artigo 80º...", ob. cit. p. 200.

A carência de um desses requisitos é condição suficiente para que o administrador de facto deixe de ser legitimado e jussocietariamente relevante, sem embargo de, ainda lograr, eventualmente, a qualificação de administrador de facto não legitimado. Porquê, "eventualmente"? Com efeito, existem requisitos que constituem a "pedra angular" da administração fáctica material, pelo que a omissão de um deles faz "ruir" a qualificação (mesmo a não legitimada), quais sendo: o pressuposto negativo de ausência de uma eficaz/válida nomeação/designação e o exercício positivo de atos de administração com "intensidade qualitativa".

Aqui chegados, importará, agora, expor de forma elucidativa os elementos caraterizadores e definidores do administrador de facto legitimado.

A) Pressuposto negativo de ausência de investidura formal

Trata-se de um dos elementos basilares e "requisito preliminar"[119] da administração de facto. Sem ele não há administrador de facto nem, por maioria de razão, administrador de facto legitimado. Consiste numa ausência de legitimidade formal para atuar como administrador[120]. Essa carência pode consumar-se de várias formas, *exempli gratia*: existência de uma designação ou título nulo, caduco ou ineficaz[121] para com a sociedade ou, por sua vez, a privação completa de um título administrativo que nunca existiu[122].

Este proemial pressuposto é, nestes termos, decisivo para diferenciar o administrador de facto do de direito, pois não é a atividade desenvolvida que os divisa, mas sim a ausência ou não de uma investidura formal para o cargo[123]. Daí que seja um elemento sempre citado pela doutrina nas suas noções de administrador de facto[124].

[119] Ricardo Costa, *Administrador de Facto e Representação*...ob. cit. p.721 n. 3.

[120] João Miguel Santos Cabral, últ. ob. cit. p. 130.

[121] Sobre o quesito da designação inválida, revisite-se a híbrida categoria referenciada na nota 115.

[122] Com tal entendimento, vide Laurent Leveneur, *Situations de fait et droit privé*, Bibliothèque de droit privé, Librairie Générale de Droit et de Jurisprudence, Paris, 1990, p. 52; Niccolò Abriani, *Gli Amministratori*... ob. cit., p. 224, ID., in "Riforma del diritto societario...", ob. cit. p. 220; A. Perdices Huetos, "Significado actual de los «administradores de hecho...", , pág 281; ID., in *Derecho de Sociedades*..., ob. cit. p. 2370; Ricardo Costa, *Os Administradores de Facto*..., ob. cit. p. 670.

[123] José Luis Diaz Echegaray, ob. cit. p. 37.

[124] Vide, por exemplo, a noção de administrador de facto apresentada por Andrea Fattori que coloca em evidência esta "*mancanza formale*". Nas suas palavras *"la figura dell'amministratore*

B) Atuação típica e positiva de administração (quesito da intensidade qualitativa)

Tal como o precedente, trata-se de um pressuposto medular da administração fáctica material.

Para podermos qualificar um sujeito como administrador de facto é indispensável o exercício típico e positivo de administração[125] (desde a "alta direção" até à mera "gestão corrente" ou "governo técnico do dia a dia"[126])[127]. É, portanto, necessário o desempenho positivo de funções ou uma concreta ingerência na coordenação/direção societária, traduzida numa atividade igual ou similar à dos administradores formalmente instituídos[128], para estarmos na presença de um administrador de facto legitimado ou não legitimado. Note-se, de resto, que exigir-se-á, sempre, que a atividade por ele praticada seja preenchida por uma "intensidade qualitativa"[129] de administração, "tendo como azimute a intervenção no patamar da «alta direção»"[130], ao contrário do que acontece com o *ope legis*, que prescinde dessa "intensidade".

Posto isto, é fundamental compreender a metodologia de identificação dos comportamentos típicos de administração (*maxime*, "alta direção" a

di fatto ricorre quando un soggetto si ingerisce nell'amministrazione della società senza esserne (o non essendone più) formalmente investito: ciò più essere dovuto alle ipotesi più varie, alla mancanza della formale nomina ad amministratore, oppure ad una delibera di nomina viziata o, infine, alla cessazione dell' incarico ad amministrare" in "Amministratore di Fatto di Società di Capitali: Natura e Responsabilità, Il Commento", in *Le Società*, nº 7, 1998, p. 804.

125 Em França, a doutrina, na sua criação dogmática, olha para este pressuposto como um critério necessário e determinante para um sujeito adquirir a qualidade de administrador de facto. Rives-Lange, ob. cit. p. 42; Daniel Tricot, ob. cit. p. 24 e ss. (considerando este critério fulcral para a qualificação da figura, bem como, o critério da independência); Dedessus-Le-Moustier, ob. cit. pp. 504 a 506.

126 Expressão de Ricardo Costa, in "Responsabilidade Civil Societária...", ob. cit. p. 29 n. 4.

127 Ricardo Costa, *Os Administradores de Facto...*, ob. cit. p. 671 e 672.

128 Ricardo Costa, "Responsabilidade Civil Societária...", ob. cit. p. 29 n. 4; Ricardo Costa, *Os Administradores de Facto...*, ob. cit. pp. 734 e 735; João Miguel Santos Cabral, últ. ob. cit. p. 132.

129 João Miguel Santos Cabral, últ. ob. cit. p. 132.

130 Ricardo Costa entende que ainda deve ser absorvida pela "intensidade qualitativa" a "execução das diretivas dessa gestão estratégica e global se o facto for apenas ativado no campo das relações externas e estiver isolado por não ter havido ato de gestão-decisão interna que serviu de base ao ato representativo" in *Administrador de Facto e Representação...*ob. cit. p.721; ID., *Os Administradores de Facto...*, ob. cit. p. 986.

conferir a "intensidade qualitativa") que serão determinantes para qualificar um sujeito como administrador de facto material.

Efetivamente, existirão controlos, ingerências e atos de administração por parte de um sócio, funcionário ou *extraneus*, que não serão, todavia, suficientes para a aquisição desta administração fáctica societária.

No que tange aos "meros conselhos, sugestões, recomendações e assistência" que esses sujeitos podem dar aos administradores formais e/ou de facto direto, a doutrina tem entendido que esta atuação reconduzir-se-á, apenas a uma mera (e acrescentaríamos, teórica e eventual) *influência simples*[131], pois tais "conselhos" não permitem que os sujeitos que os dão tenham qualquer poder decisional sobre os desígnios societários. Tais condutas não são aptas a esbater a liberdade de decisão e atuação dos administradores de direito e/ou de facto direto e, por via disso, não poderemos, sequer, olhar para tal sujeito como administrador de facto (indireto)[132]. *A fortiori*, o exercício de um ordinário controlo ou supervisão sobre a atuação do órgão administrativo não será, de igual modo, suficiente para configurar o agente controlador/fiscalizador como administrador de facto[133], inexistindo, claramente, um ato positivo de gestão.

Seguindo a ideia de influência/ingerência indireta na sociedade, coloca-se a seguinte indagação: o exercício positivo de atividade de administração pode ser concretizado por um administrador de facto indireto? Urge-se,

[131] RICARDO COSTA, *Os Administradores de Facto...*, ob. cit. p. 733.

[132] RICARDO COSTA, últ. ob. cit. p. 653; Nas "sumarentas" palavras de JOÃO MIGUEL SANTOS CABRAL "não bastará (...) uma atividade puramente consultiva, de assessoria – ainda que o seu conselho seja acolhido pelo administrador de direito", in "A Responsabilidade tributária subsidiária do administrador de facto" in Estudos *em Homenagem ao Prof. Doutor Manuel Henrique Mesquita*, Studia Iuridica 95, Ad Honorem – 4, Vol. I, Coimbra Editora, Coimbra, 2009, p. 284; GONÇALO NOGUEIRA, ob. cit. p. 999. Lá fora, vide NICCOLÒ ABRIANI, *"(...) non può considerarsi sufficiente un'attività puramente consultiva o l'esercizio di un pur incisivo controllo sull'amministrazione della società"*, in *Gli Amministratori di Fatto...*, ob. cit., p. 236; e JOSÉ LUIS DIAZ ECHEGARAY, ob. cit. p. 47. Com posição distinta, o Juíz MORRIT LJ, no *caso Secretary of State & Industry v. Deverell*, alegou que as noções de direção e instrução podem abarcar o conceito de conselho, pois todos eles partilham uma característica comum de *"guidance"*. Portanto, segundo esta visão, teremos *shadow diretor* mesmo com a emissão de um simples conselho. Vide NEIL JAMIESON and KELLY HUGHES, "The Identification of shadow directors under English Law: What guidance might Buzzle Provide?" in *Butterworths Journal of International Banking and Financial Law*, 2012, pp. 364 e 365.

[133] JOÃO MIGUEL SANTOS CABRAL, "O Administrador de Facto..." ob. cit. p. 132; RICARDO COSTA, últ. ob. cit. p. 733. Lá fora, DEDESSUS-LE-MOUSTIER, ob. cit. p. 503.

patentemente, uma resposta afirmativa. Se assim não fosse, sendo este um elemento basilar da qualificação de administrador de facto (legitimado ou não), não poderíamos encaixar nesta os que administram através da emanação de instruções ou ordens. Assim, ao ditar ou influenciar de forma vinculante as decisões dos titulares do órgão de administração, assegurando de forma indireta a direção administrativa, teremos de olhar para essas imposições como atividade típica e positiva de administração.[134]

No entanto, como foi referido supra, para estes sujeitos adquirirem a qualificação de administradores de facto materiais, não bastará o exercício positivo de atividade de gestão, quer direta quer por intermédio dessa ingerência vinculante. Será, forçosamente, necessário, para o efeito, que esse exercício apresente a citada "intensidade qualitativa".

Por conseguinte, a doutrina tem procurado definir/estabelecer os atos de ingerência na administração que terão relevo[135] e, portanto, a citada intensidade para a denominação de um sujeito como administrador de facto.

Antes da materialização da "intensidade qualitativa", será nevrálgica a distinção feita por Ricardo Costa entre a (1) administração atinente à(s) empresa[136](s) da sociedade/gestão da sociedade[137] e a (2) administração técnica[138], correspondendo esta última à organização e funcionamento da própria sociedade e dos seus órgãos[139].

É na administração da empresa da sociedade/de gestão da sociedade, marcada por cláusulas legais abertas, elásticas, flexíveis e de elevada indefinição que se pode encontrar o *"risco de abuso da posição funcional de*

[134] Ricardo Costa, últ. ob. cit. p. 677.

[135] Dedessus-Le-Moustier, ob. cit. p. 501

[136] "Se a sociedade a tiver, senão será simplesmente a atividade de realização do objeto social", Filipa Ribeiro Santos Tomaz, *Da Representação Voluntária das Sociedades Comerciais*, Dissertação de Mestrado, FDUC, Coimbra, 2006, p. 141.

[137] J. M. Coutinho de Abreu, considerando-a a mais relevante, in *Governação das Sociedades...*, ob. cit. p. 42.

[138] "Administração em sentido estrito" para Niccolò Abriani, in *Gli Amministratori di fatto...*, ob. cit., p. 227; e "Administração da própria sociedade" na conceção de Coutinho de Abreu, últ. ob. cit., pág, 42. Note-se que este último Autor fala, igualmente, em "Administração em sentido estrito", mas com uma significação distinta da apresentada por Niccolò Abriani. Para Coutinho de Abreu, a "administração em sentido estrito" é aquela que abrange toda a atividade/gestão interna e ligada, portanto, à administração da empresa da sociedade, in últ. ob. cit., pp. 39 e 40.

[139] Ricardo Costa, últ., ob. cit. p. 738.

administrador[140]" – a conferir relevo à qualificação legitimante. É nesta que o administrador se relaciona com o património social e instrumentaliza o sistema organizativo da sociedade para o desenvolvimento alinhado da atividade económica e, desse modo, cumprir o primordial escopo lucrativo[141]. É nesta que encontramos, e só nesta poderemos localizar, a "alta direção". É esta "alta administração", na "realização de escolhas estratégicas para a sociedade e a definição dos seus objetivos gerais"[142], que define a "intensidade qualitativa" e só com ela é que teremos administração de facto material. É a "alta direção" entendida como uma intervenção de "certa gravidade", no sentido de participar nas "escolhas administrativas" com proeminência decisiva para a sorte da sociedade e, nesse seguimento, com capacidade de comprometer os desígnios comerciais e financeiros[143] desta, que releva para a "intensidade qualitativa"[144].

Lá fora, Niccolò Abriani considera que o plano da gestão da empresa, ou seja, o desenvolvimento da atividade empresarial societária, só se coaduna com uma precisa realização de atos de "alta direção"[145]. Jean-François Barbière, integra nesta "alta direção", designadamente, a tomada de decisões de política geral da empresa, em termos de investimento, na fixação dos vencimentos, determinação dos prémios de seguros, das promoções, bem como, a escolha das técnicas de financiamento[146].

[140] Ricardo Costa, últ. ob. cit., p. 740; Ver Artigos 192º, nº 1, 252º, nº 1, 405º, nºs 1 e 2 e 431º, nºs 1 e 2, todos do CSC, como cláusulas com abertura gestionária.

[141] Ricardo Costa, últ. ob. cit. p. 741.

[142] Soveral Martins, *Administradores-delegados e comissões executivas. Algumas Considerações*, 2ª Edição, Cadernos nº 7, IDET, Almedina, Coimbra, 2011, p. 35.

[143] Dedessus-Le-Moustier, ob. cit. p. 503.

[144] A "intensidade qualitativa" não pressupõe o desenvolvimento de todas as funções próprias dos administradores de direito, pois, se assim fosse, nas sociedades de maior dimensão, não encontraríamos o administrador de facto, face à complexidade e articulação dessas funções (investimentos, produção, recursos humanos, etc.) incompatíveis com a ingerência integral na administração. Ricardo Costa, "Responsabilidade Civil Societária...", ob. cit. p. 29, n. 4; ID., *Os Administradores de Facto...*, ob. cit. p. 756.

[145] Para o Autor Italiano será fundamental "*da un lato, che l'intervento all'amministratore di fatto coivolga profili qualificanti dell'amministrazione sociale o comunque si collochi su un livello tale da ripercuotersi inevitabilmente, per i suo rilievo, sulla gestione dell'ente globalmente intensa; dall'altro, che tali funzioni (o segmenti di funzioni) amministrative vengano esercitate in modo coordinato rispetto alle altre, com una conseguente funzionalizzazione delle decisioni assunte in questo ambito alla formazione dell'indirizzo generale dell'impresa*", in *Gli amministratori...*, ob. cit. pp. 228, 229 e 231.

[146] Jean-François Barbièri, "A propos de la qualificacion de dirigeant de fait et à propos de l'intention coupable en matière de présentation de comptes inexacts" in *Bulletin Joly*, Joly

Por cá, RICARDO COSTA, seguindo essa linha identificadora de "alta direção" incorpora nela os atos de definição de estratégias e de objetivos globais de mercado, investimento, produção, custos e de preços, vendas, níveis salariais, entre outros atos que poderão "comprometer o destino comercial e financeiro da sociedade (-empresa)"[147]

Ora, nessa sequência, será a prática desses concretos atos de "alta direção", com ressonância interna e/ou externa[148] que permitirão conferir a "intensidade qualitativa" e potenciar, outrossim, a administração de facto legitimada[149]. Reitere-se, assim, que não bastará a administração de gestão societária no domínio do governo rotineiro do dia a dia (comumente, "gestão corrente"), para conferir a mencionada intensidade. Será sempre fulcral a prática de atos de "alta direção"[150].

Por sua vez, a citada administração técnica/da própria sociedade consiste, grosso modo, na realização de relatórios de gestão e de documentação contabilística, prestação de informações aos sócios, convocação de assembleias gerais e determinação da ordem do dia, distribuição de bens sociais e de lucro, amortização de quotas, cumprimento de formalidades de publicidade e registo, propostas de alteração do contrato social ou da sede, cooptação de administradores, entre outras competências organizativo-corporativas[151].

De facto, esta administração técnica não possibilita o comando sobre os "recursos sociais" (pessoais e materiais) que o administrador de facto legitimado terá que assumir para poder ser equiparado ao administrador de *iure*, pois, na verdade, estará em evidência a condição de órgão encarregado da administração e não a atuação intrínseca ao exercício da atividade empresarial e económica que caracteriza a posição de gestor dos membros do órgão de administração[152].

Éditions, Paris, 1994, p. 1310. Com entendimento similar, vide J. M. COUTINHO DE ABREU, últ. ob. cit., p. 40

147 RICARDO COSTA, *Os Administradores de Facto...*, ob. cit. p. 748, 750 e 751.

148 RICARDO COSTA, "Administrador de Facto e Representação...", ob. cit. p. 721; ID., *Os Administradores de Facto...*, ob. cit. p. 986.

149 Dizemos "potenciar", pois será sempre necessário o preenchimento de todos os pressupostos de legitimação.

150 RICARDO COSTA, *Os Administradores de Facto...*, ob. cit. p. 746.

151 RICARDO COSTA, últ. ob. cit. p. 739 e 740. Tratadas por JOÃO MIGUEL SANTOS CABRAL, como funções "estritamente administrativas", in "A Responsabilidade Tributária..., ob. cit., p. 278, n. 105.

152 RICARDO COSTA, últ. ob. cit. p. 741 e 742.

Em jeito de súmula, será a prática de atos positivos de administração com "intensidade qualitativa", *rectius*, de "alta direção" (sendo irrelevante para a qualificação a "gestão corrente" e a administração técnica), um pressuposto de aquisição da qualidade de administrador de facto legitimado.

Face ao evidenciado, não haverá administrador de facto legitimado em qualquer tipo de ingerência positiva na gestão societária, mas, tão-só, num quadro de "intensidade qualitativa" aferida caso a caso.

Por maioria de razão, não haverá administrador de facto se um sujeito não exteriorizar (ou abster-se de realizar) atos positivos de administração[153], pois a acreditação como administrador de facto só ocorrerá com a efetivação de uma atividade positiva de gestão[154](ainda que indireta, através da emanação de diretivas ou ordens vinculantes).

Diante do exposto, é possível concluir que os atos omissivos nunca poderão ser relevados? Impõe-se, aqui, uma resposta negativa. Por certo, não poderão ser valorados enquanto o sujeito não adquiriu a qualificação de administrador de facto legitimado. Porém, uma vez lograda tal qualificação pelo exercício positivo de atos administrativos, a posterior omissão por quem já é administrador de facto legitimado será, indubitavelmente, proeminente[155] e, eventualmente, geradora de responsabilidades[156].

C) Atuação com autonomia decisória

Grande parte da doutrina nacional e internacional, trata este requisito como um elemento indispensável da definição de administrador de facto[157],

[153] Nas palavras de José Luis Diaz Echegaray *"el silencio observado por un asalariado o por un accionista en cuando a las irregularidades graves y repetidas cometidas por los dirigentes de derecho en la gestión de la sociedad (...) no son suficientes para otorgar la condición de dirigente de hecho a los mismos, sin perjuicio de la responsabilidad que puede serles imputada"*, in ob. cit. p. 38.

[154] Ricardo Costa, últ. ob. cit. p. 676.

[155] Ricardo Costa, últ. ob. cit. p. 673, n. 1425 e p. 676.

[156] Nas eruditas palavras de José Luis Diaz Echegaray, *"si el sujeto no ha realizado una actividad positiva, no se le podrá calificar como administrador de hecho, pero ello no impide que una vez que, por haberla ya realizado, se le califique como tal, no responda también, como cualquier administrador, por falta de la diligencia debida, impuesta por la ley a éstos"*, in ob. cit. p. 39.

[157] Em Portugal: J.M. Coutinho de Abreu/Elisabete Ramos, ob. cit. pp. 41, 42 e 43; Ricardo Costa, "Responsabilidade Civil Societária...", ob., cit. p. 31, n. 5; Filipa Ribeiro Santos Tomaz, ob. cit. p. 138; Tânia Meireles da Cunha, "Responsabilidade Tributária Subsidiária – Apontamentos", *Miscelâneas* nº 5, IDET, Almedina, Coimbra, 2008, p. 144; Maria de Fátima Ribeiro, *A Tutela dos Credores da Sociedade por Quotas e a "Desconsideração da Personalidade Jurídica"*, Almedina, Coimbra, 2009, p. 467; J. M. Coutinho de Abreu,

colocado, inclusive, como critério determinante[158] do conceito a par da atividade típica e positiva de administração.

Todavia, contrário do pressuposto negativo de investidura formal e da atividade típica e positiva de administração, este requisito não é fundamental para reputar um sujeito como administrador de facto. Aliás, em conformidade com o que foi anteriormente explanado, não poderíamos admitir o administrador de facto direto subordinado (ainda não qualificado), que segue as ordens do administrador de facto indireto, se este elemento fosse fulcral para a existência desta figura.

No entanto, para que um sujeito seja qualificado como administrador de facto legitimado, será necessária, não só, a prática de atos com "intensidade qualitativa", mas, também, que essa mesma atividade seja perpetrada com uma certa autonomia decisória[159]. *Id est*, à semelhança dos administradores

"Responsabilidade Civil dos Administradores...", ob. cit. pp. 100 e 101; João Miguel Santos Cabral, "O Administrador de Facto..." ob. cit. p. 130; e Ana Perestrelo Oliveira, últ. ob. cit. pp. 558 e 560.
Em França: Rives-Lange, ob. cit., pp. 42 e 44; Laurent Leveneur, ob. cit. p. 57; Daniel Tricot, ob. cit. p. 24; e Dedessus-Le-Moustier, ob. cit. p. 504.
Em Espanha: José Luis Diaz Echegaray, ob. cit. pp. 42 e 43 (Considerando, o Autor, que não são administradores de facto "quienes participan en la dirección de la sociedad pero de forma subordinada, sin independencia, siguiendo la política fijada por los administradores de derecho, sin poder ellos mismos definirla de manera soberana. Éste es el caso de los administradores asalariados, tales como los directores administrativos, comerciales, financieros, etc., que «a priori» no son administradores ni de derecho ni de hecho"; Nuria Latorre Chiner, *El administrador de hecho...*, ob. cit. p. 71 e 72.

158 Nas palavras de Daniel Tricot, ob. cit. p. 24 e seguido por Dedessus-Le-Moustier, ob. cit. p. 504.

159 Note-se, porém, que Ricardo Costa considera, ainda assim, que esta autonomia não ocorre em todo tipo de administração de facto relevante. Faz menção expressa aos artigos 407º e 261º, nº 2 do CSC, utilizando-os como exemplo para qualificar como administradores de facto, os administradores "delegados"/"encarregados". Entende que a atribuição da qualidade de *administradores delegados de facto*, para além do seu cariz legal (corroborado por David Nunes dos Reis, *Administradores de Facto – Vinculação e Responsabilidade por Omissão*, Almedina, Coimbra, 2021, p. 27, n. 65) , é independente da existência de qualquer subordinação, pois mesmo que atuem com independência de decisão e liberdade no agir, a sua atividade será sempre "precária e volátil" por estarem sob a subalternização dos administradores de direito delegantes e, por esse motivo, serão administradores de facto sem autonomia. In *Os Administradores de Facto...*, ob. cit. pp. 787 e 788. Entendemos, todavia, que estes *administradores delegados de facto*, devem ser categorizados como administradores de facto *ope legis*, porque legalmente legitimados e, portanto, não lhes sendo exigível a autonomia decisória, mas apenas a prática de atos de administração (fora da "alta direção", pois, como

de *iure*, o administrador de facto, para ser jussocietariamente relevante e legitimado, terá de ser dotado de soberania na sua capacidade de decisão e independência em relação a quaisquer terceiros-entidades (mormente, administradores de direito)[160].

Esta autonomia/independência deflagrar-se-á quando um sujeito, sem investidura formal, exerce funções (de cariz interno ou em sede de representação externa) com soberania, impondo as suas decisões – administrador de facto direto – ou influenciando de forma vinculativa a gestão – administrador de facto indireto. Ou seja, esse administrador terá que dispor de um poder ilimitado, pleno e soberano no plano da atuação e decisão, com capacidade para balizar o destino comercial e financeiro da entidade societária[161].

Ricardo Costa defende que "tal independência pode traduzir-se numa atuação colegial, no seio de uma equipa onde se cruzam administradores de direito e de facto". No entanto, essa atividade em *regime de partilha* terá que se concretizar sempre num plano de *supra ordenação* (com perda de autonomia dos administradores de direito), ou, pelo menos, num plano de *paridade* (comunhão com os administradores "oficiais" – de direito, de facto *ope legis* ou legitimado). Nunca num plano de *subordinação* em relação aos administradores formais ou outros administradores de facto[162].

Desta forma, a importância deste requisito reside na capacidade de apartar da administração de facto legitimada e jussocietariamente relevante, todos os sujeitos que desenvolvem com a sociedade "relações jurídicas"

veremos infra, a mesma não é delegável), sendo, por isso, irrelevante este requisito para conferir relevância jussocietária à atuação destes sujeitos.

160 João Miguel Santos Cabral, "O Administrador de Facto...", ob. cit. pp. 135 e 136; Ricardo Costa, *Os Administradores de Facto...*, ob. cit., p. 782.

161 Ricardo Costa, últ. ob. cit. pp. 782 e 783.

162 Ricardo Costa, últ. ob. cit. pp. 784 e 785. Neste sentido, vide, igualmente, Daniel Tricot, ob. cit., p. 27; Niccolò Abriani, *Gli Amministratore di Fatto...*, ob. cit. pp. 232 e 233; Dedessus-Le-Moustier, ob. cit. p. 504; Michele Mozzarelli, "Amministratore di Fatto: fine di una contesa" in *Giurisprudenza Commerciale – Società e Fallimento*, II, Ed. Giuffrè, Roma/Milano, 2001, p. 579. Em sentido diverso, Hans Fuhrmann não admite a administração de facto nas situações de paridade, mas, somente, quando existe uma "posição de supremacia" dos administradores de facto sobre os de direito, in Hans Fuhrmann, "Die Bedeutung des «faktischen Organs» in der strafrechtlichen Rechtsprechung des Bundesgerichtshofs" in Festschrift für Herbert Tröndle zum 70. Geburstag am 24. August 1989, Herausgegeben von Hans-Heinrich Jeschech und Theo Vogler, Walter de Gruyter, Berlin/New York, 1989, pp. 141, 142 e 154, *Apud* Ricardo Costa, últ. ob. cit. p. 785, n. 1716.

de administração com traços de "dependência hierárquica em relação ao órgão de administração"[163]. Serão os casos dos trabalhadores assalariados subordinados às políticas dos administradores de direito[164] que, apesar de poderem colaborar na administração da sociedade, não poderão ser administradores legitimados por carência de autonomia decisória.

Ricardo Costa e Coutinho de Abreu integram, tendencialmente, na categoria de trabalhadores assalariados os gerentes de comércio, auxiliares e caixeiros da sociedade[165].

* * *

Embora os artigos 257º, 263º, 264º e 265º do CCom (aplicados às citadas figuras) sejam indicadores de uma relação de empregador/trabalhador[166], existem outros argumentos que nos permitem afastar de um entendimento automático dessa relação. Utilizamos, desde logo, os argumentos legais. As disposições relativas ao gerente de comércio, auxiliares e caixeiros (artigo 248º e ss do CCom) estão consignadas no capítulo II, do título V do CCom, que tem como epígrafe "Do Mandato" e, sendo assim, serão legalmente considerados mandatários[167]. São, igualmente, vários os preceitos que falam em mandato, mandante e mandatário, como é o caso do artigo 249º, 258º, 261º, 262º, todos do CCom.

Além disso, parte da doutrina refuta, igualmente, essa premissa de relação empregador/trabalhador. Não nega a possibilidade da relação interna entre estes sujeitos e o comerciante-sociedade ter por base um contrato de

[163] Ricardo Costa, *Os Administradores de Facto...*, ob. cit. p. 790.

[164] Ricardo Costa, últ. ob. cit. pp. 789 e 790.

[165] Ricardo Costa, últ. ob. cit. p. 789; J. M. Coutinho de Abreu, *Curso de Direito Comercial: Introdução, Atos do Comércio, Comerciantes, Empresas, Sinais Distintivos, Vol. I, 12ª Edição (Reimpressão)*, Almedina, Coimbra, 2020, p. 147 e 148. Também nesse sentido, Pedro Romano Martinez, *Direito do Trabalho*, 9ª edição, Almedina, Coimbra, 2019, p. 345; Rosário Palma Ramalho, *Tratado de Direito do Trabalho, Parte II – Situações Laborais Individuais*, 7ª edição, Almedina, Coimbra, 2019, p. 83; concebendo a possibilidade de o gerente de comércio ser "trabalhador subordinado" António Monteiro Fernandes, *Direito do Trabalho*, 17ª Edição, Almedina, Coimbra, 2014, pp. 155 e 156.

[166] J. M. Coutinho de Abreu, últ. ob. cit. p. 147.

[167] Olhando para estas figuras como mandatários comerciais, vide Paulo Olavo Cunha, *Lições de Direito Comercial*, Almedina, Coimbra, 2010, pp. 196 e 197; e Pupo Correia, *Direito Comercial: Direito da Empresa*, com a colaboração de António José Tomás e Octávio Castelo Paulo, 14ª edição, Ediforum, Lisboa, 2018, p. 111.

trabalho, no entanto, alega que, efetivamente, nada obsta, também, a que a representação comercial tenha "como relação subjacente" outro contrato que não o contrato de trabalho[168].

Concordamos com esta orientação e, além de disso, seguimos Pedro Leitão de Vasconcelos quando olha, em especial, para o gerente de comércio como preposto, ou seja, como alguém que "é colocado à frente de determinada atividade por outrem, substituindo-o nessa atividade de modo estável e público" [169]. Para o Autor, o gerente de comércio é assim classificado, independentemente da relação interna que tem com o comerciante que pode ser contratual (mandato, contrato de agência, contrato de trabalho) ou de outro tipo (autorização, procuração, ou qualquer ligação familiar)[170].

Pelas razões expostas, a condição (interna) destes sujeitos terá que ser apreciada caso a caso para, desse modo, se poder firmar a existência, ou não, de autonomia decisória.

* * *

Em relação a terceiros com poderes representativos, como é caso de procuradores (artigo 262º e ss. do CC), mandatários comerciais (artigo 231º e ss. do CCom)[171] e agentes comerciais (Decreto-Lei nº 178/86, de 3 de julho – ver artigo 1º) existem dúvidas sobre a sua condição de autónomos decisores face à sociedade que representam.

Ricardo Costa, numa primeira fase da sua dissertação, defende que, sendo a conduta destes sujeitos limitada pelas instruções e supervisão da autoridade competente – administradores das sociedades – e estando

[168] Filipa Ribeiro Santos Tomaz, ob. cit. p. 34. Também em sentido semelhante, Carneiro da Frada / Mendes Correia, "Actuação do Gerente de Comércio por Conta e Tutela da Contraparte", in *RDC*, Liber Amicorum, 2021, p. 22, disponível em: https://www.revistadedireitocomercial.com/actuacao-do-gerente-de-comercio-por-conta-e-tutela-da-contraparte;.

[169] Pedro Leitão de Vasconcelos, "A Preposição", in *RDC*, Liber Amicorum, 2017, pp. 167 e 176, disponível em: https://www.revistadedireitocomercial.com/a-preposicao.

[170] Pedro Leitão de Vasconcelos, últ. ob. cit. 174.

[171] Segundo Engrácia Antunes (in *Direito dos Contratos Comerciais*, Almedina, Coimbra, 2017, p. 366, n. 631), serão subespécies deste tipo de mandato, os gerentes de comércio, caixeiros, e auxiliares, ao contrário da já citada linha defendida por Ricardo Costa e J. M. Coutinho de Abreu.

obrigados a prestar contas, haverá uma dependência hierárquica em relação ao órgão de administração que impedirá a qualificação como administradores de facto legitimados[172]. Todavia, numa segunda etapa, invoca que no caso do mandato representativo (embora RICARDO COSTA não indique expressamente, computamos o mandato comercial *strito sensu*[173] e o mandato civil com representação), procuração e no contrato de agência, poderá existir autonomia de vontade na celebração dos atos jurídicos para os quais os sujeitos têm poderes de representação (voluntária)[174]. Segundo as palavras do Autor, a execução dos atos por estes sujeitos "pressupõe um *mínimo significativo* de ponderação e decisão pessoais e autodeterminação na conclusão dos negócios por conta e em nome do representado" (da sociedade)[175].

Com efeito, o contrato de mandato, a procuração e o contrato de agência apresentam, de forma indubitável, elementos de independência e autonomia[176]. Porém, trata-se de uma discricionariedade e autonomia relativas[177] que não se coadunam, do nosso ponto de vista, com a autonomia decisional típica da administração societária. Nesta, como já mencionamos, o administrador terá que manifestar um poder soberano, pleno e sem quaisquer limitações, ou seja, uma verdadeira *autonomia absoluta* face a quaisquer condicionantes.

[172] RICARDO COSTA, últ. ob. cit. pp. 790 e 792.

[173] Sem as subespécies e a comissão comercial.

[174] Cfr. artigo 238º do CCom; artigos 1161º, alínea c), 2ª parte, 1162º e 263º do CC; artigo 1º, nº 1, 5º, nº 1 e 7º, alínea a) do Decreto-Lei nº 178/86, de 3 de julho.

[175] RICARDO COSTA, últ. ob. cit. p. 802.

[176] Em relação ao contrato de mandato: RUI MASCARENHAS ATAÍDE, *Direito dos Contratos II – Mandato,* AAFDL Editora, Lisboa, 2020, p. 19; sobre a autonomia do procurador, vide Acórdão do Tribunal da Relação de Coimbra, de 10 de fevereiro de 2015, Processo nº 164/05.7TBVLF.C2, Relator: Isabel Silva, disponível em: www.dgsi.pt; e a respeito da autonomia no contrato de agência: PINTO MONTEIRO, *Contrato de Agência. Anotação ao Decreto-Lei nº 178/86, de 3 de julho,* 8ª edição atualizada, Almedina, Coimbra, 2017, p. 61.

[177] RICARDO COSTA, últ. ob. cit. p. 803. No contrato de mandato, veja-se, por exemplo, as instruções impostas pelo mandante que condicionam a atuação do mandatário, apesar deste manter uma certa autonomia (vide artigo 1161º, alínea a) do CC e RUI MASCARENHAS ATAÍDE, últ. ob. cit. pp. 37 a 39.); sobre a procuração, citamos o Acórdão mencionado na precedente nota de rodapé: "Todavia, à autonomia do procurador não obsta a possibilidade de o *dominus* dar instruções: este pode sempre emitir orientações ou diretivas sobre a forma como deve agir o representante, modelando a sua atuação"; também patenteando a autonomia relativa do agente, PINTO MONTEIRO, ob. cit. p. 62.

Assim, pelas razões supra expostas, entendemos que este requisito da administração de facto legitimada não agrega qualquer tipo de conduta com autonomia limitada e, por maioria de razão, qualquer relacionamento de subordinação.

D) Atuação sistemática/continuada/reiterada (intensidade quantitativa)

Outra exigência a vindicar a figura do administrador de facto legitimado é a realização sistemática e reiterada de uma atividade de gestão[178]. Será um pressuposto indispensável para considerar um sujeito administrador de facto legitimado, mas, assim como o antecedente, não é elemento impreterível da administração de facto amplamente considerada.

A maioria da doutrina e jurisprudência entende que, para estarmos na presença de um administrador de facto (legitimado – acrescento nosso), não será suficiente a prática de um ou vários atos isolados de administração. Será, pelo contrário, obrigatório o exercício contínuo, permanente, sistemático e estável (num lapso temporal) de atos típicos de gestão empresarial[179].

[178] RICARDO COSTA, "Responsabilidade Civil Societária...", ob. cit. p. 39, n. 12; ID., *Os Administradores de Facto...*, ob. cit. p. 829 e 830.

[179] DANIEL TRICOT, ob. cit. p. 27; DEDESSUS-LE-MOUSTIER, ob. cit. p. 507; NICCOLÒ ABRIANI, *Gli Amministratore...*, ob. cit. p. 226; ANDREA FATTORI, "Attribuzione della qualifica di Amministratore di Fatto e conseguente responsabilità", in *Le Società*, nº 7, 1995, p. 932; MICHELE MOZZARELLI, ob. cit. p. 576 e 577; ELISABETTA VALERIO, "Una svolta giurisprudenziale in tema di amministratori di fatto?", *Le Società*, nº 9, 2001, p. 1053; JOSÉ LUIS DIAZ ECHEGARAY, ob. cit., p. 43; NURIA LATORRE CHINER, *El administrador de hecho...*, ob. cit., p. 68 e 70; ID., "El concepto de administrador de hecho...", ob. cit. p. 869; RUI PEREIRA DIAS, últ. ob. cit. p. 131; TÂNIA MEIRELES DA CUNHA, *Da Responsabilidade dos Gestores de Sociedades Perante os Credores Sociais – A Culpa nas Responsabilidades Civil e Tributária*, 2ª edição, Almedina, Coimbra, 2009, pág 79; MARTÍNEZ SANZ/MARTA BARTLE, ob. cit. pp. 73 e ss.; SONIA RODRÍGUEZ SÁNCHEZ, "La Delimitación de la Figura del Administrador de Hecho", in *RDM*, nº 301, 2016, p. 78. Considerando a "intensidade quantitativa" como um dos pressupostos do conceito de administrador de facto, vide, a Sentença nº 421/2015, *Tribunal Supremo, Sala de lo Civil, Sección 1, Rec 1701/2013, de 22 de julio de 2015, Ponente: Ignacio Sancho Gargallo*, e a recente Sentança nº 17/2021, *do Juzgado de Lo Mercantil de Pontevedra, Sección 1, Rec 168/2020, de 17 de Enero de 2021, Ponente: Manuel Marquina Alvarez* (Decisões espanholas, in www.iberley.es): *"esa actividad tiene que haberse realizado de forma sistemática y continuada, esto es, el ejercicio de la gestión ha de tener una intensidad cualitativa y cuantitativa"*. Em Portugal, com semelhante entendimento, vide: Acórdão do Tribunal da Relação de Guimarães, de 13 de setembro de 2018, Processo nº 2214/16.2T8CHV-A.G1, Relator: Margarida Almeida Fernandes (in www.dgsi.pt). Com posição distinta, vide: Acórdão do Tribunal Central Administrativo

Por sua vez, Tito Crespo defende que a "continuidade e durabilidade do exercício das funções" administrativas não pode ser um requisito qualificante da administração. Para o Autor, a má gestão, geradora de responsabilidade, pode materializar-se num ato isolado e, nesse seguimento, o sujeito beneficiaria de um "manto de imunidade" injustificável, pois não seria qualificado como administrador de facto por falta da sistematicidade funcional[180].

Reconhecemos o mérito do raciocínio lógico-dedutivo de Tito Crespo, porém, seguimos o entendimento intermédio avançado por Ricardo Costa e corroborado por João Miguel Santos Cabral.

Ricardo Costa admite a preponderância de atos pontuais quando "a sua dimensão e relevo económicos demonstrem, por um lado, a exibição clara da independência e do poder do administrador de facto e, por outro, uma forte importância ou influência decisiva desse ato para o funcionamento e subsistência da sociedade e ou das suas empresas"[181]. Com similar orientação, João Miguel Santos Cabral defende que "certos atos de gestão – ainda que praticados de forma esporádica ou isolada – podem adquirir uma repercussão na vida societária muito superior a uma atividade prolongada e a refletir, também, por essa via, uma interiorização do respetivo agente no estatuto de administrador"[182].

Consequentemente, a "intensidade quantitativa" terá de ser perscrutada com uma certa acuidade, pois existirão atos esporádicos que poderão ter uma valência societária mais premente do que atos sistemáticos de administração.

do Sul, de 09 de fevereiro de 1999, Processo nº 00227/97, Relator: Jorge Lino Ribeiro Alves de Sousa, segundo o qual: "a gerência de facto ocorre quando alguém – ainda que de modo esporádico e apenas em relação a um único pelouro da empresa – exterioriza de algum modo a representação da vontade social por meio de atos substantivos e materiais, vinculando a sociedade perante terceiros" Acórdão assinalado por Francisco Rodrigues Pardal/Abílio Madeira Bordalo, *Antologia de Acórdãos do Supremo Tribunal Administrativo e do Tribunal Central Administrativo*, nº 2, Ano II, Almedina, Coimbra, 1999, p. 303 e ss.

[180] Tito Crespo, "A Responsabilidade Civil dos Administradores para com as Sociedades Desportivas: o caso Marat Izmailov", in *RDS*, VII, Nº 2, 2015, p. 480.

[181] Ricardo Costa, "Responsabilidade Civil Societária...", ob. cit. p. 39, n. 12 (apresentando exemplos de atos isolados de administração com relevo económico-financeiro, dos quais destacamos a celebração de um mútuo bancário com consideráveis encargos para a sociedade). Nesse sentido, vide, igualmente, Rita Fialho D'almeida, ob. cit., p. 263.

[182] João Miguel Santos Cabral, "O Administrador de Facto...", ob. cit., pp. 134 e 135.

Seguindo estas orientações, entendemos que para existir administrador de facto legitimado será fundamental aferir uma "intensidade quantitativa" com dupla vertente não cumulativa: a primeira numa prática reiterada/sistemática/continuada de atos de administração e a segunda numa prática de atos isolados, mas com expressividade económico-funcional[183].

Afastamo-nos, por isso, da ideia de TITO CRESPO, pois, com a sua posição de desconsideração deste pressuposto, pode ser qualificado como administrador de facto jussocietariamente relevante, um sujeito que realizou um único ato de administração sem a citada expressividade. Ora, tal conjetura, correria o risco de ser demasiado onerosa para o executor de um ato "sem expressividade" que estaria, destarte, sujeito a uma especial diligência[184] que se destina a quem tem, normalmente, qualificações para ser um verdadeiro administrador/gestor e que, habitualmente, concretiza inúmeros atos de administração.

E) Aquiescência/Tolerância da sociedade

Por fim, chegamos ao último requisito estrutural da figura do administrador de facto legitimado. Para a sua efetivação, será necessário, para além do preenchimento de todos os precedentes requisitos, que a atuação do sujeito seja conhecida e/ou consentida (ainda que de forma tácita, nas palavras de RICARDO COSTA, através de um "silêncio eloquente"), ou, no mínimo, tolerada pelos sócios (pelo menos, na sua maioria) e/ou pelos administradores de direito[185].

Será difícil conceber, de facto, que um sujeito, conhecido ou estranho à sociedade, mas privado de poderes de gestão, possa concretizar uma ingerência (direta ou indireta) reiterada e sistemática na gestão empresarial com a oposição dos sócios e/ou dos administradores formais[186].

NICCOLÒ ABRIANI, tendo por base essa perceção, desvaloriza este elemento, pois enxerga-o como um "pressuposto implícito" da administração

[183] RICARDO COSTA, *Administradores de Facto e Representação...*, ob. cit. pp. 721 e 722; ID., "Sócios como Administradores..." ob. cit. p. 728; "Administrador de Facto e artigo..." ob. cit. p. 202; Os Administradores de Facto..., ob. cit. p. 986.

[184] "De um gestor criterioso e ordenado" prevista no artigo 64º, nº 1, al. a), *in fine*, do CSC.

[185] RICARDO COSTA, "Responsabilidade Civil Societária...", ob. cit. p. 39, n. 12; ID., *Administrador de Facto e Representação...*, ob. cit. p. 722; *Os Administradores de Facto...*, ob. cit. p. 838 e 839; JOÃO MIGUEL SANTOS CABRAL, "O Administrador de Facto...", ob. cit. p. 136.

[186] RICARDO COSTA, "Responsabilidade Civil Societária...", ob. cit. p. 39, n. 12; ID., *Os Administradores de Facto...*, ob. cit. p. 838.

de facto. Na visão do Autor, se um sujeito intervém na sociedade de forma reiterada (sendo requisito indispensável para este) teremos, desde logo, que presumir a aquiescência da sociedade (sócios[187] e administradores)[188]. Por esse motivo, NICCOLÒ ABRIANI não faz qualquer referência a este elemento quando apresenta os seus requisitos de qualificação[189] (na nossa conceção, requisitos de legitimação da administração fáctica[190]).

Cremos, todavia, que este pressuposto deverá ser relevado como um dos elementos nevrálgicos da administração de facto legitimada. Com efeito, existem atos isolados que, como vimos no pregresso ponto, podem integrar o requisito da "intensidade quantitativa". Ora, sendo assim, podemos, *in concreto*, estar na presença de um ato isolado com destaque para o destino financeiro da sociedade e, razoavelmente, não haver qualquer tolerância/aquiescência da sociedade pelo simples facto dos sócios e/ou administradores de direito não terem tido conhecimento dessa singular atuação[191].

Seria, por exemplo, irrazoável, nas relações externas, ver uma sociedade vinculada pelo ato isolado de um *extraneus* que, por essa via, adquiria a legitimidade material de administração pelo preenchimento de todos os pressupostos, prescindindo-se deste último. Seria, porventura, demasiado oneroso para a sociedade ver-se vinculada dessa forma, sem ter, de algum modo, anuído em tal comportamento.

NURIA LATORRE CHINER entende, aliás, que este requisito é fundamental para diferenciar o administrador de facto (legitimado e relevante para o efeito da aplicação do regime societário[192]) do "*mero extraneus que usurpando funciones de administración entabla relaciones con terceros en nombre de una sociedad ajena a dicha situación*"[193].

[187] A. PERDICES HUETOS assume que a oposição singular de um ou vários sócios, sem atingirem a maioria exigida, não é suficiente para quebrar o "nexo de imputação" dos atos praticados pelo sujeito sem legitimidade formal. Para o Autor, será sempre necessário que essa objeção se concretize numa deliberação da assembleia geral. in "Significado actual de los «administradores..." ob. cit. p. 282.

[188] NICCOLÒ ABRIANI, *Gli Amministratore...*, ob. cit. p. 232, n. 124.

[189] NICCOLÒ ABRIANI, "Riforma del diritto...", ob. cit. p. 220. Tal como a maioria da doutrina, segundo JOÃO MIGUEL SANTOS CABRAL, "O Administrador de Facto...", ob. cit. p. 136, n. 77.

[190] Seguimos RICARDO COSTA, *Administrador de Facto e Representação...*, ob. cit. p. 722, n. 8.

[191] E mesmo na atuação reiterada, será excessiva uma presunção inilidível de aquiescência, embora seja altamente verosímil a existência desta.

[192] RICARDO COSTA, *Os Administradores de Facto...*, ob. cit. pp. 840 e 841.

[193] NURIA LATORRE CHINER, *El administrador de hecho...*, ob. cit. p. 76.

Posto isto, havendo uma oposição por parte dos sócios ou administradores formais ou, inexistindo dados que, *in concreto*, permitam concluir que a sociedade anuiu na intervenção desses sujeitos, não teremos, assim, administrador de facto legitimado.

Entendemos que o julgador, no momento da aferição da valência societária do administrador de facto, deve presumir[194] que os sujeitos que concretizam de forma sistemática atos de administração, fazem-no com a tolerância da sociedade. Isto porque, através de um critério de razoabilidade empírica, baseado nas regras da experiência ("do homem médio") e do normal suceder, será facilmente compreensível e lógico que a atuação sistemática e continuada se coaduna com uma aquiescência societária.

Por sua vez, se o sujeito realizar apenas um ato isolado ou, até mesmo, atos esporádicos, defendemos que devem ser os interessados na qualificação a identificar/provar essa aquiescência, pois à luz do precedente critério empírico não será, nesta situação, facilmente aferível a tolerância da sociedade.

Em suma, esse consentimento ou tolerância da sociedade pela prática (direta ou indireta) de atos administrativos por quem não está legalmente investido/legitimado é, a par dos antecedentes, um pressuposto irrenunciável[195] a conferir a condição de administrador de facto legitimado[196].

[194] Presunção *Iuris Tantum*.

[195] Contrariamente, olvidando por completo este elemento, vide SONIA RODRÍGUEZ SÁNCHEZ, ob. cit. pp. 77 a 79.

[196] A doutrina pátria tem seguido, de forma tendencialmente uniforme, estes pressupostos de legitimação material. Para um maior aprofundamento, vide: J. M. COUTINHO DE ABREU/ ELISABETE RAMOS, ob. cit., p. 40 e ss.; RUI PEREIRA DIAS, últ. ob. cit. p. 128 e ss; MARIA DE FÁTIMA RIBEIRO, ob. cit. p. 468 e ss.; JOÃO MIGUEL SANTOS CABRAL, "O Administrador de Facto..." ob. cit. p. 130 e ss. (do mesmo Autor e de forma mais condensada: "A Responsabilidade Tributária..., ob. cit., pp. 284 e 285); JOSÉ FERREIRA GOMES, "Conflitos de interesses entre acionistas nos negócios celebrados entre a sociedade anónima e o seu acionista controlador", in *Conflitos de interesses no direito societário e financeiro – Um balanço a partir da crise financeira*, Almedina, Coimbra, 2010, p. 152 e ss. ANA PERESTRELO DE OLIVEIRA, "Administração de Facto: do Conceito Geral à sua aplicação aos Grupos de Sociedades e outras situações de Conflito Interempresarial", in *A Designação de Administradores*, Governance Lab, Almedina, Coimbra, 2015, p. 228 e ss, ID., *Grupos de sociedades e deveres de lealdade...* ob. cit. p. 557 e ss; *Manual de Governo das Sociedades*, Almedina, Coimbra, 2017, p. 54 e ss.; TITO CRESPO, ob. cit. pp. 479 e 480; RITA FIALHO D'ALMEIDA, ob. cit. p. 260 e ss. GONÇALO NOGUEIRA, ob. cit. p. 995 e ss.; ALEXANDRE SOVERAL MARTINS, "Artigo 260º", in *Código das Sociedades Comerciais em Comentário*, coord. J.M. Coutinho de Abreu, vol. IV, 2ª edição, Almedina,

2.1.2. O administrador de facto não legitimado/sem valência societária

Como referimos supra, RICARDO COSTA foi o verdadeiro impulsionador da figura do administrador de facto não legitimado no nosso ordenamento jurídico. É definido pelo Autor como "sujeito que administra de facto, mas (ainda) não se pode considerar ou não logra considerar-se administrador de facto jussocietariamente relevante"[197]. Por via disso, será um sujeito que não obtém qualquer tipo de reconhecimento *ope legis*[198], nem, tampouco, cumpre todos os mencionados requisitos enformadores do administrador de facto legitimado.

Neste seguimento, impõe-se a seguinte interrogação: poderá falhar qualquer um dos pressupostos de legitimação para adquirir a qualidade de administrador não legitimado? Impera, aqui, uma resposta negativa. Como já foi clarificado, quando apresentamos a nossa noção de administrador de facto, há dois elementos fundamentais e irrenunciáveis da figura: o pressuposto negativo da falta de investidura formal e a atuação típica e positiva[199] de administração com a reportada "intensidade qualitativa". Assim, faltando um deles, não teremos, sequer, administrador de facto não legitimado.

DAVID NUNES DOS REIS, embora não seja muito extensivo na explanação e exposição da figura, trata o nosso administrador de facto não legitimado como "pretenso administrador"[200]. Para o Autor, corresponderá àquele sujeito que "na ausência de título bastante", pratica "atos típicos e positivos de administração das sociedades"[201].

Coimbra, 2017, p. 172, ANA PINTO NUNES, *A Responsabilidade dos Administradores de Facto pela Insolvência em Grupos de Sociedades*, Dissertação de Mestrado, UCP, Porto, 2017, pp. 18 e 19; TATIANA SOUSA PEREIRA, *O Papel do Credor Controlador. Responsabilidade por exercício de influência sobre a Administração Societária*, Dissertação de Mestrado, FDUC, Coimbra, 2017, pp. 118 e ss.; TATIANA FERREIRA ROSÁRIO, ob. cit. pp. 20 a 26; RENATA MELO ESTEVES, *O Papel do Sócio na Gestão Societária: Um contributo para a (re)compreensão da Responsabilidade Civil Societária*, Dissertação de Mestrado, FDUC, Coimbra, 2018, pp. 79 e ss; LUÍS DANIEL DAVID MORAIS, *A Influência Societária Relevante*, Dissertação de Mestrado, FDUC, Coimbra, 2020, pp. 100 e ss; DAVID NUNES DOS REIS, ob. cit., p. 20 e ss.

[197] RICARDO COSTA, *Os Administradores de Facto*... ob. cit. p. 864.

[198] Nem a administração de fáctica por designação inválida – ver nota 115.

[199] Aliás, há quem entenda que é esta atividade positiva de administração que faz despontar o administrador de facto. Vide, DANIEL TRICOT, ob. cit. p. 24

[200] DAVID NUNES DOS REIS, ob. cit., p. 41.

[201] DAVID NUNES DOS REIS, ob. cit. p. 42.

Nesta "definição" da figura apresentada por DAVID NUNES DOS REIS ficam-nos na "retina" algumas indagações. Desde logo, na sua demarcação, o Autor não deslinda a necessidade de a atuação típica e positiva apresentar a já mencionada "intensidade qualitativa". No entanto, se bem se leu, o Autor parece integrar automaticamente a "intensidade qualitativa" na atuação típica e positiva[202], aquando da exposição dos "pressupostos de aquisição da qualidade de administrador de facto", pelo que, por esse motivo, parece-nos que os requisitos associados ao "pretenso administrador" serão os mesmos que o nosso administrador de facto não legitimado.

O Autor olha para este sujeito apenas como um potencial Administrador, pois, segundo a sua perspetiva, é "pretenso" uma vez que, futuramente, poderá ser administrador de facto legitimado, embora ainda não o seja e sem garantias de o vir a ser. Por outro lado, usa o prosónimo "administrador" porque, efetivamente, pratica atos de administração.

Ao contrário desta visão, nós vislumbramos este sujeito como um verdadeiro administrador. Como foi evidenciado supra, a atuação típica e positiva, com "intensidade qualitativa" é um pressuposto necessário e imprescindível da administração fáctica material. Pelo que, havendo efetivo ato de administração, nos termos expostos (por quem não foi designado administrador de direito), entendemos que haverá efetivo administrador de facto. E isto, independentemente, de terem sido preenchidos os demais requisitos legitimadores e conferidores de relevo societário.

Posto isto, desmoronando-se um ou vários pressupostos (que não os precedentes) que edificam a administração de facto legitimada[203] e não sendo possível, outrossim, a qualificação jussocietária por intermédio do reconhecimento *ope legis*[204], ficaremos no âmago da administração de facto não legitimada, sendo o sujeito administrador de facto não legitimado.

Assinale-se que, o Autor Italiano, FABRIZIO GUERRERA, apresenta a figura "del soggetto «non legittimato»". Todavia, este retrato não tem a mesma significação do nosso administrador de facto não legitimado. Na

[202] Vide, DAVID NUNES DOS REIS, ob. cit. p. 21 a 26.

[203] *V.g.* a falta, cumulativa ou não, da "intensidade quantitativa", da autonomia decisional e da aquiescência da sociedade. Com alguns destes exemplos, ver RICARDO COSTA, últ. ob. cit. p. 864, n. 1919. De forma similar, apresentando os exemplos da falta de atuação autónoma, sistemática ou contínua, como situações que fazem "cair" a administração de facto legitimada, omitindo o quesito da aquiescência, vide DAVID NUNES DOS REIS, ob. cit. p. 42.

[204] Nem através da administração de facto por designação inválida.

verdade, o Autor define-o como sendo aquele sujeito que participa nos processos decisionais e operativos de uma sociedade, apesar de privado de uma válida investidura formal, por vício de nomeação ou completa ausência da mesma, ou seja, um sujeito sem legitimidade formal[205]. *Id est*, o Autor usa o vocábulo "non legittimato" para dizer, numa primeira composição da figura, que o sujeito é "não legitimado" porque atua sem o título formal. Ora, a falta desse título é um elemento comum a todas as tipologias de administração de facto e não só do nosso administrador de facto não legitimado. Estamos, portanto, na presença de duas terminologias similares, mas com alcances um tanto distintos.

Uma vez construída uma noção base do nosso modelo de administrador de facto não legitimado, cremos, ainda assim, que este pode ser estruturado em duas categorias que serão escrutinadas nos próximos pontos: 1) o administrador de facto quase legitimado e 2) o administrador de facto não legitimado puro/simples.

Como veremos no próximo capítulo 3 – O estatuto do administrador de facto não legitimado -, embora não possamos conceber uma aplicação direta do regime societário a estes administradores não legitimados, não será implausível a aplicação analógica de alguns dos seus preceitos (de forma restrita) o que, no nosso entender, não permite, ainda assim, que este administrador seja jussocietariamente relevante, porque encontrará, essencialmente, o seu regime em disposições não societárias (mormente, no CC e no CCom).

2.1.2.1. O administrador de facto quase legitimado

Na nossa conceção, será administrador de facto quase legitimado aquele sujeito que, na sua atuação, preenche quase a totalidade dos requisitos/pressupostos conferidores de legitimação. Bastará, então, a falta de um requisito indiscriminado para que estejamos na presença desta figura? Impõe-se, de forma inelutável, uma resposta negativa. Com efeito, como já foi explanado supra, existem, indubitavelmente, requisitos nevrálgicos para a aquisição da qualidade de administrador de facto material, o pressuposto negativo de investidura formal e a atividade típica e positiva de administração na linha da "intensidade qualitativa". Por outro lado, os pressupostos da "intensidade quantitativa" e da autonomia decisória apre-

[205] FABRIZIO GUERRERA, ob. cit, pp. 133 e 160.

sentam uma menor força, desde logo, porque não são prodrómicos nem essenciais para o nascimento da figura e, também, porque podemos ter administrador de facto (não legitimado) sem a concretização destes requisitos. Mas o pressuposto da aquiescência societária é, no nosso entender, ainda assim, o elemento menos sólido de legitimação. Tanto é que, parte da doutrina não o apresenta nem o reputa como premissa necessária para o surgimento do administrador de facto (legitimado)[206].

Ao contrário dessa orientação doutrinal, somos da opinião, ainda assim, que esse requisito é fundamental para conferir relevo jussocietário à atuação deste administrador de facto legitimado, pois é o único elemento a outorgar um "nexo de imputação" dos atos deste sujeito à própria sociedade e, em consequência, a justificar a vinculação desta perante terceiros[207], reforçando, destarte, a equipotência deste administrador ao administrador de *iure* (e, necessariamente, a valência jussocietária do primeiro).

O pressuposto da tolerância/aquiescência/conhecimento da sociedade, ao contrário dos demais, apresenta uma componente extrínseca ao sujeito que quer administrar. De facto, é este sujeito que atua, ainda que sem título, é este que realiza os atos típicos e positivos de administração, é este que os faz com "intensidade qualitativa" e é este que os executa de forma independente. Todavia, não é ele que define/controla a tolerância da sociedade. Pode, na verdade, fomentar esse conhecimento/tolerância por parte

[206] Assinalando o consenso entre a doutrina e jurisprudência europeias quanto aos pressupostos de legitimação, ficando de fora a aquiescência societária, vide João Miguel Santos Cabral, "O Administrador de Facto..." ob. cit. p. 130. Não computando este requisito, vide, igualmente, Rives-Lange, ob. cit. pp. 42 a 44; Daniel Tricot, ob. cit. pp. 26 a 28; Niccolò Abriani, *Gli Amministratori...*, ob. cit. p. 223, ID., "Riforma del diritto societario..., ob. cit. p. 220; José Luis Diaz Echegaray, ob. cit. pp. 36 e ss.; Tito Crespo, ob. cit. pp. 479 e 480; Gonçalo Nogueira, ob. cit. pp. 998 a 1002; Julio Bonmatí Martínez, "Derecho Societario – Administradores de hecho", in *CONT4BL3*, Número LXX, 2º Trimestre, 2019, pp. 46 e 47; Reconhecendo a existência da tolerância societária, mas atribuindo-lhe uma "importância secundária" do ponto de vista dos negócios jurídicos e interesses dos credores (*"Immerhin läßf sich argumentieren, daß die Beziehungen im Innenverhältnis und die Billigung, die der faktische Geschäftsführer dort bei den Gesellschaften findet, aus der Sicht des Rechtsverkehrs und der Gläubigerinteressen von sekundärer Bedeutung sind"*), vide Günter Roth, "Die Haftung als faktischer Geschäftsführer im Konkurs der GmbH", in *Zeitschrift für Unternehments – und Gesellschaftsrecht,* Berlin-New York (Walter de Gruyer & Co.; De Gruyter Rechtswissenschaften Verlags-GmbH), 1989, p. 424.

[207] Mónica Fuentes Naharro, "Una aproximación al concepto de administrador de hecho y la funcionalidad de la figura en los grupos de sociedades" in *Gobierno Corporativo y Crisis Empresariales,* Marcial Pons, 2006, pp. 300 e 301; Rita Fialho D'almeida, ob. cit. p. 264.

desta, no entanto, ao não empreender condutas com vista a esse efeito e não tendo a sociedade apresentado essa anuência, esse sujeito será, certamente, beneficiado ao deixar de ser administrador de facto legitimado, por algo que não se liga automaticamente à sua atuação e vontade.

Assim sendo, embora não seja legitimado, este sujeito deverá sujeitar-se, ainda assim, a um regime mais severo que aquele que será aplicado ao administrador de facto não legitimado puro/simples.

Nesta sequência, deverá ser classificado como administrador de facto quase legitimado. É quase legitimado, porque apenas cai o requisito de legitimação extrínseco à atuação e, na nossa opinião, de menor relevo por esse motivo: a aquiescência/aceitação da sociedade. Ou seja, a linha divisória da fímbria que separa o administrador de facto legitimado deste administrador de facto não legitimado é bastante subtil, o que implicará uma maior acuidade na definição do regime deste último, mormente em matéria de responsabilidade, uma vez que, não será, por certo, razoável fazer uma substancial diferenciação entre as diligências destes administradores por falta de um requisito que não está diretamente conexo à sua conduta.

Exemplificativamente, poderá ser administrador de facto quase legitimado um trabalhador assalariado[208] de sociedade, sem qualquer poder para realizar negócios jurídicos[209], que materializa, com um particular ou outra sociedade, um contrato de mútuo ou empréstimo mercantil[210] envolvendo avolumadas quantias, sendo que, a sociedade por ele "representada" desconhece totalmente essa atuação.

Ao atuar dessa forma, o funcionário preencheu quase a totalidade dos pressupostos conferidores da legitimação. Agiu sem qualquer investidura formal, praticou um ato de "alta direção" a conferir a "intensidade qualitativa" e "intensidade quantitativa" (ato isolado com expressividade económico-funcional) e agiu com autonomia decisória. Porém, a sociedade desconhecia a sua operação. Esse desconhecimento[211] faz cair o requisito

[208] Atente-se, desde já, que o facto do trabalhador se "resguardar", eventualmente, na relação laboral para justificar as suas condutas, não ficará, ainda assim, afastada a qualificação, pelo facto de exercer atos mais amplos do que aqueles que o contrato de trabalho lhe concede. Neste sentido, JOSÉ LUIS DIAZ ECHEGARAY, ob. cit. p. 42.

[209] Repara-se que, pela natureza do trabalho, o funcionário pode ter poderes para concretizar negócios jurídicos. Vide artigo 115º, nº 3 do CT.

[210] O mútuo comercial tem sempre caráter oneroso – artigo 395º do CCom.

[211] Será irrelevante para a qualificação que o desconhecimento seja culposo, apesar da sua eventual influência para efeitos de vinculação, como veremos infra.

da aquiescência da sociedade e, faltando apenas esse elemento, teremos, então, um administrador de facto quase legitimado.

Hipótese similar ocorrerá, por exemplo, quando um sócio minoritário (com reduzidos poderes de voto) realiza, em nome da sociedade, um mútuo bancário[212] sem o seu conhecimento[213].

Por fim, identificamos um outro exemplo em que temos um sujeito, que pode ser sócio minoritário (com parcos poderes de voto), ou até mesmo, um mero *extraneus,* filho de um sócio maioritário (sem conhecimento deste), que dá ordens a um funcionário da linha de produção para que este execute inúmeros atos de administração para os quais não foi contratado (por exemplo, emitir diretrizes de produção, determinar preços de certos produtos, determinar as promoções, contratações e despedimentos de trabalhadores, para além, de outros atos administrativos). Ditames impostos de forma reiterada, com autonomia funcional e com relevo no âmbito da "alta direção".

Nesta hipótese, os sujeitos, administradores de facto indiretos, preenchem, igualmente, de forma quase integral, os pressupostos de legitimação, no entanto, falta-lhes a "aquiescência societária". Carência essa que os torna administradores de facto quase legitimados.

Existem, decerto, inúmeras situações que integram esta categoria de administração de facto não legitimada que deverão ser analisadas, caso a caso, atendendo ao critério definidor: a privação do pressuposto da tolerância societária.

2.1.2.2. O administrador de facto não legitimado simples/puro

O administrador de facto não legitimado simples corresponderá àquele sujeito que, sem investidura formal, pratica atos típicos e positivos (com "intensidade qualitativa") de administração. No entanto, fá-lo sem autonomia e/ou sem "intensidade quantitativa". Poderá falhar, outrossim, o requisito da "aquiescência", no entanto, para ser aplicado esta tipologia,

[212] Ou empréstimo bancário que será o "o contrato pelo qual o banco (mutuante) entrega ou se obriga a entregar uma determinada quantia em dinheiro ao cliente (mutuário), ficando este obrigado a restituir outro tanto do mesmo género e qualidade ("tantundem"), acrescido dos correspondentes juros", Engrácia Antunes, ob. cit. pp. 497 e 498.

[213] Hipótese meramente académica. De facto, os bancos, na realização destes contratos, têm, normalmente, muito cuidado, verificando nas certidões permanentes ("cartão de cidadão" das sociedades) a forma de obrigar das sociedades.

tal ausência terá que ser acompanhada pela omissão de um ou de ambos os requisitos anteriores.

Ponderemos o seguinte exemplo: um acionista minoritário – com diminutos poderes deliberativos (de sociedade anónima) sendo, igualmente, sócio único de sociedade por quotas unipessoal e, querendo beneficiar esta última, "convence" (através do temor reverencial) um funcionário administrativo da primeira (com meros poderes de "gestão corrente") a realizar um negócio de mútuo com a sociedade por quotas que, nesse seguimento, emprestaria dinheiro à sociedade anónima com a determinação de juros[214] usurários[215]. Ora, o trabalhador em questão será qualificado como administrador de facto direto não legitimado, pois a sua conduta carece de autonomia decisória (segue as "ordens" do sócio) e não existe qualquer tolerância da sociedade[216], faltando, destarte, dois pressupostos de legitimação que nos encaminha para esta categoria.

Conjeturemos uma outra possibilidade. Um sócio maioritário, com ampla ascendência na sociedade, dá, constantemente, ordens aos administradores de direito e a todos os demais funcionários da sociedade e outros colaboradores (v.g. mandatários comerciais[217]). Imaginemos que este sócio, com o conhecimento dos demais membros e dos administradores, dá ordens vinculativas a um gerente de comércio[218] que teria, *in concreto*, apenas poderes de representação externa na celebração de negócios com outras empresas/sociedades. As ordens seriam no sentido de este proceder à contratação de vários funcionários para a empresa que representariam

[214] Juros convencionais – artigo 395º § único do CCom.

[215] E, por essa via, sendo o mútuo qualificado como negócio usurário. Segundo JORGE EUSTÁCIO DA SILVA FRIAS (in *Lesão, ou Negócio Usurário, na Perspectiva dos Códigos Civis de Portugal e do Brasil*, Dissertação de Mestrado, FDUC, Coimbra, 2003 p. 66), será usurário "o negócio jurídico desequilibrado, pelo qual um dos contraentes sofre um prejuízo pelo facto da sua prestação se revelar muito inferior em relação à que recebe da outra parte, desequilíbrio esse decorrente de alguma situação de inferioridade do lesado, aproveitada pelo seu co-contratante. Esse prejuízo sofrido pelo lesado constitui para o próprio uma lesão, que se traduz nesse desequilíbrio decorrente da disparidade entre as prestações" *apud* MIGUEL DA SILVA DOMINGOS, *A Usura na Convenção do Juro Comercial: Um olhar sobre o artigo 102º do Código Comercial*, Dissertação de Mestrado, FDUC, Coimbra, 2011, p. 36.

[216] Embora seja um sócio a ditar as "ordens" não existe aquiescência da sociedade, pois, como já evidenciamos supra, será exigido o assentimento da maioria dos sócios, o que não acontece neste exemplo.

[217] Vide título V do CCom.

[218] Definido no artigo 248º do CCom.

um considerável custo. Não existem dúvidas que esse sócio será administrador de facto indireto legitimado. Por sua vez, o gerente de comércio será administrador de facto direto não legitimado, pois, sem qualquer investidura formal, pratica um ato típico de administração com "intensidade qualitativa" e com "intensidade quantitativa" e, obviamente, com o assentimento societário. No entanto, porque segue essas mesmas diretrizes, o gerente de comércio, carecerá de um dos elementos de legitimação: a autonomia decisória.

Outra hipótese: um credor, filho de um dos sócios maioritários de uma sociedade anónima devedora, pretende que esta proceda ao pagamento célere do remanescente de umas dívidas provenientes de um contrato de empreitada entre eles celebrado. Nesse seguimento, e aproveitando dessa relação de parentesco, influencia decisivamente o conselho de administração a deliberar e, consequentemente, a determinar a alienação de um dos vários bens imóveis (*v.g.* um prédio rústico) da sociedade, para satisfazer o seu interesse, mas sem contrapartida justa pela venda. Essa transmissão, embora tenha causado prejuízos à sociedade, não desestruturou a "saúde financeira" da mesma. Ora, neste caso *in concreto,* o credor será administrador de facto não legitimado simples, porque atua sem "intensidade quantitativa".

Por fim cogitemos a seguinte situação: um funcionário de sociedade anónima de consideráveis dimensões, esporadicamente, para além de prestar informações aos sócios sobre a gestão que faz numa das pequenas empresas (com menor relevo à escala societária) e, igualmente, por estar ciente dos afazeres sociais e seu *modus operandi,* dá, casualmente e de moto próprio, ordens à linha de produção e define os investimentos em matéria-prima e mão-de-obra. Fá-lo com a anuência da sociedade. Todos os sócios e administradores reconhecem a sua atuação e toleram-na. Portanto, neste quadro, o funcionário será, outrossim, administrador de facto não legitimado simples, pois os seus atos carecem da mencionada "intensidade quantitativa" (prática reiterada de atos ou de um ato com expressividade económico-funcional).

Pois bem, diante do exposto, as conjunturas terão de ser analisadas, caso a caso, tal como o anterior tipo, mas balizadas pelo critério definidor desta categoria: a alienação da "intensidade quantitativa" e/ou da autonomia decisória e/ou ausência de aceitação societária, desde que esta última carência seja acompanhada por uma, ou pelas duas, precedentes alienações.

3
O estatuto do administrador de facto não legitimado

Antes de entrarmos, propriamente, no estatuto do administrador de facto não legitimado, será curial frisar a dogmática dificuldade da sua criação, sendo que, para o efeito, será pertinente tecer algumas considerações prévias.

Desde já, coube a RICARDO COSTA o papel de estabelecer, pormenorizar e analisar o estatuto do administrador de facto com valência societária (*rectius, ope legis* e legitimado)[219].

Uma vez apresentados os elementos caracterizadores desta figura, RICARDO COSTA, redefine (extensivamente) o conceito de administrador de sociedades comerciais, de modo a abarcar, quer o administrador de direito, quer o administrador de facto (*ope legis*/legitimado). Segundo o Autor, isso só é possível através da verificação positiva de todos requisitos de legitimação ou de uma previsão legal, que faz nascer uma "*relação orgânica especial*" entre esses administradores e a sociedade[220]. Por consequência, a "relação orgânica de administração" fundar-se-á, numa "fonte bivalente, a formal e a fáctica (jussocietariamente relevante, acrescento nosso); enquanto a primeira – "o acto de designação" – atribui um cargo ou ofício formal com estatuto feito de poderes e deveres, a segunda – a verificação positiva dos requisitos de legitimação e de uma previsão legal – atribui uma qualidade assente numa relação em situação especial por

219 RICARDO COSTA, últ. ob. cit. pp. 899 e ss.

220 RICARDO COSTA, "Administrador de Facto..." ob. cit. p. 733; ID., "Administrador de Facto e Artigo 80º do CSC..." ob. cit., p. 218; *Os Administradores de Facto...*, ob. cit. p. 988; *Estudos Dispersos*, Almedina, Coimbra, 2020, pp. 98 e 137.

força da direção fáctica, igualmente com estatuto"[221]. É com base nessa argumentação que RICARDO COSTA acaba por balizar o estatuto do administrador de facto legitimado, através de uma equiparação tendencial ao administrador de direito e ao seu respetivo regime societário, sendo este igualmente aplicável ao primeiro de forma direta[222], com a exceção dos normativos que exigem "expressamente" a aptidão formal[223].

Seguindo essa ideia, concluímos que o administrador de facto não legitimado, na sua dupla vertente, carece da citada "relação orgânica de administração".

Para DAVID NUNES DOS REIS, como já foi explanado, o nosso administrador de facto não legitimado[224] (configurado como "pretenso administrador" para o Autor) não é ainda administrador, mas apenas um sujeito que posteriormente pode adquirir essa qualidade[225],entendendo, por fim, que o regime societário não pode ser aplicável a este sujeito não legitimado[226].

Uma vez que a sua atuação não advém de uma "relação de organicidade", somos apologistas de que o administrador de facto não legitimado não poderá, por via disso, buscar o seu estatuto ao regime societário, pelo menos, em termos de aplicação direta do mesmo. No entanto, ao contrário da tese defendida por DAVID NUNES DOS REIS, estes sujeitos já serão, na nossa perspetiva, administradores e, por essa razão, não nos repugna "beber" do mesmo regime aplicável aos legitimados para eventual integração de lacunas, em particular, nos casos em que estamos na presença de um administrador de facto quase legitimado.

Urge, então, agora, levantar a questão fulcral fundadora da presente dissertação e que procuraremos responder: qual ou quais os regimes e normas aplicáveis ao administrador de facto não legitimado?

Ora, as respostas não serão, por certo, de fácil concretização.

[221] RICARDO COSTA, "Administrador de Facto... ob. cit. p. 735; ID., "Administrador de Facto e Artigo 80º do CSC..." ob. cit., p. 220; *Os Administradores de Facto...*, ob. cit. p. 988; *Estudos Dispersos...* ob. cit., pp. 99, 100 e 139.

[222] RICARDO COSTA, *Administrador de Facto...* ob. cit. p. 720; ID., "Administrador de Facto e Artigo 80º do CSC..." ob. cit., p. 200; *Estudos Dispersos...* ob. cit., pp. 85 e 124.

[223] RICARDO COSTA, *Os Administradores de Facto...*, ob. cit. p. 908.

[224] No nosso entendimento, é administrador, porque executa atos administrativos de "alta direção".

[225] DAVID NUNES DOS REIS, ob. cit. p. 42.

[226] DAVID NUNES DOS REIS, ob. cit. p. 43.

Desde logo, ao contrário do administrador de facto legitimado que tem por detrás o preenchimento de todos os requisitos de legitimação, o não legitimado vai incluindo e desintegrando um ou vários elementos legitimadores. Por isso mesmo, porque este pode apresentar facetas muito disformes, torna-se necessário trazer à colação vários regimes legais e institutos jurídicos que serão empregues atendendo à *ratio* de cada caso.

Destarte, só lograremos as respostas às questões acima expostas com o reconhecimento de um *estatuto multifocal* ao administrador de facto não legitimado.

3.1. O quadro *sui generis* do administrador de facto quase legitimado

Muito embora o administrador de facto quase legitimado não seja, ainda, legitimado por carência da "aquiescência da sociedade", é o que mais se aproxima da "relação orgânica de administração".

Efetivamente, o não preenchimento deste requisito faz cair a legitimação e a entrada direta deste administrador na definição de administrador de sociedade (extensivamente redefinido)[227] , bem como, para a aplicação direta do regime societário. Contudo, como já foi dissertado anteriormente (ponto 2.1.2.1), a (in)existência da "tolerância societária" é vista apenas, como um vetor fundamental para efeitos de vinculação da sociedade pelos atos dos administradores de facto legitimados.

Assim sendo, em termos de responsabilidade, parece-nos inteiramente razoável a aplicação do regime societário para este administrador de facto quase legitimado, ainda que seja por intermédio da analogia[228].

Com efeito, seria, certamente, demasiado oneroso para uma sociedade ver excluída a responsabilidade societária deste administrador exclusivamente pelo facto de esta não ter anuído na sua atuação.

Senão vejamos.

Se um administrador de facto legitimado realiza um ato de administração de "alta direção", com expressividade funcional e económica, com

[227] Ricardo Costa, últ. ob. cit. p. 988.

[228] Concebendo a possibilidade de aplicações analógicas, ainda que dirigido para o administrador de facto legitimado, João Miguel Santos Cabral, "O Administrador de Facto...", ob. cit. p. 145; ID., "A Responsabilidade Tributária...", ob. cit., pág 247. Também Fabrizio Guerrera, embora aplique o regime da gestão de negócios ao "*amministratore non legittimato*", não coloca de parte a interpretação extensiva ou a aplicação analógica de alguns deveres previstos nos preceitos societários, mormente no que diz respeito ao dever de lealdade, in ob. cit. pp. 174 a 179 e 182 a 184.

total autonomia, com a anuência da sociedade e gerador de responsabilidade, esta última será substancialmente distinta da responsabilidade do administrador quase legitimado que atuou de forma exatamente igual, mas sem o conhecimento da sociedade? Firma-se, no nosso entender, uma resposta negativa. Focando as atenções na intrínseca atuação deste administrador, a conduta propriamente dita, será, sensivelmente, a mesma. E será essa conduta com "intensidade qualitativa e quantitativa", bem como, com a autonomia decisional que irá relevar, na nossa opinião, na aplicação da responsabilidade civil societária (artigo 72º a 79º do CSC) ao administrador de facto quase legitimado. Porém, pelas razões supra expostas, esta responsabilidade não lhe poderá ser aplicada diretamente, pois ainda não integra a "relação orgânica de administração", ou seja, não é órgão de administração, pela privação de um dos critérios de legitimação.

Diante disso, evidencia-se uma lacuna[229] que deverá ser preenchida por intermédio da citada analogia[230]. Efetivamente, o "fio" que separa a administração de facto legitimada, da quase legitimada é, um tanto, ininteligível. E considerando, outrossim, a *ratio legis* das regras da responsabilidade civil dos administradores que procuram assegurar que a "gestão seja escrupulosa e eficiente"[231], no interesse da sociedade, dos sócios, dos credores e de outros terceiros, torna-se patente a existência de fundamento de extensão analógica que se encontra nessa "lógica interna do sistema jurídico" a reivindicar que conjunturas semelhantes sejam tratadas e reguladas de modo semelhante[232-233].

[229] "Existe uma lacuna quando a lei, dentro dos limites do sentido literal possível, e o costume não contemplam uma determinada disciplina embora a ordem jurídica no seu conjunto a exija" Miguel Nogueira de Brito, *Introdução ao Estudo do Direito*, 2ª edição, AAFDL Editora, Lisboa, 2018, p. 270.

[230] *Analogia legis* onde a solução legal prevista num preceito normativo (caso-foro) é aplicada a uma situação factual não regulada por lei (caso-tema), atendendo, igualmente, à *ratio legis* daquele dispositivo jurídico-normativo. A. Castanheira Neves, *Metodologia Jurídica – Problemas Fundamentais*, BFD, Coimbra Editora, Coimbra, 2013, pp. 253 e 268; Miguel Nogueira Brito, ob. cit. p. 282. Considerando não existir diferença relevante entre a *analogia legis* e a *analogia iuris*, tendo esta última um préstimo irrenunciável para depreender a primeira, Pinto Bronze, *Analogias*, 1ª edição, Coimbra Editora, Coimbra, 2012, p. 277.

[231] Ricardo Costa, "Responsabilidade Civil...", ob. cit. p. 28; David Nunes dos Reis, ob. cit. p. 89.

[232] A. Castanheira Neves, ob. cit. p. 254.

[233] Fabrizio Guerrera, in ob. cit. p. 205, hipotisa a aplicação de alguns preceitos atinentes a "obrigações e responsabilidades tipicamente inerentes ao ofício (do administrador de direito,

Ademais, DÍAZ ECHEGARAY, como supra se expôs, não integrava a anuência da sociedade como requisito de aquisição da administração fáctica (relevante) e, não obstante, antes da atual equiparação normativa fixada pela lei espanhola, nunca obstaculizou a aplicação da responsabilidade prevista para os administradores *de Iure* a estes administradores[234].

Pois bem, uma vez reconhecida a aplicação da responsabilidade civil societária ao administrador de facto quase legitimado será, por ora, fundamental, esquadrinhar os termos da sua observância.

Para a aquisição da qualidade de administrador de facto (legitimado ou não legitimado) é indispensável a prática de comportamentos no âmbito da "administração gestionária"[235], sendo a atuação técnico-organizativa irrelevante para esse efeito. Assim, se esta atuação técnica não serve para qualificar um sujeito como administrador, não poderá ser chamada ao universo dos poderes-deveres do administrador de facto, nem tampouco, ao centro das imputações/responsabilidades jurídicas[236].

Por força disso, será aquela *cooperazione gestoria*[237] o elemento a destacar quando pretendemos atribuir quaisquer responsabilidades aos adminis-

acrescento nosso) a cargo do sujeito privado de legitimidade orgânica", por intermédio da extensão teleológica. Embora este *modus* de interpretação apresente simetrias com a analogia (pois em ambas se estende um regime legal – ou preceitos normativos – a situações de facto), a extensão teleológica alarga o campo de aplicação normativa com base, apenas e só, na intencionalidade teleológica (*ratio legis*). SÉRGIO COIMBRA HENRIQUES, "A Redução Teleológica no Ordenamento Jurídico Português: Análise de Jurisprudência", in *Revista Brasileira de Direito*, Vol. 12, nº 1, Editora IMED, 2016, p. 151, disponível em: https://seer.imed.edu.br/index.php/revistadedireito/article/view/1010 ; MIGUEL NOGUEIRA DE BRITO, ob. cit. p. 289. Uma vez que a extensão teleológica atribui relevo apenas aos fins normativos e, também, porque a responsabilização societária dos administradores tem como intenção proteger a sociedade, sócios e terceiros, por via dessa extensão, seriamos forçados, certamente, a alargar esse regime para o administrador de facto não legitimado puro/simples. Ora, tal conjetura seria, do nosso ponto de vista, injusta, desproporcional, e violaria o princípio da igualdade no seu sentido positivo ("o igual deve ser tratado igualmente e o desigual desigualmente", J.J. GOMES CANOTILHO, *Direito Constitucional e Teoria da Constituição*, 7ª Edição, 18ª Reimpressão, Almedina, Coimbra, 2016, p. 428), pois o administrador não legitimado puro distancia-se mais da administração legitimada. Além disso, seria, por certo, também por força desse afastamento, "pesado" aplicar-lhe a diligência do "gestor criterioso e ordenado" imposta ao administrador jussocietariamente relevante.

234 JOSÉ LUIS DIAZ ECHEGARAY, ob. cit. pp. 177 a 182.

235 RICARDO COSTA, *Os Administradores de Facto...*, ob. cit. p. 883.

236 RICARDO COSTA, últ. ob. cit. p. 883.

237 FABRIZIO GUERRERA, ob. cit. p. 170.

tradores de facto. É nela que se estampa o "risco de administração" que implica a concretização de uma série de deveres e cujo incumprimento acarretará responsabilidades[238].

Ora, face ao *tertium comparationis* existente entre o administrador de facto legitimado e o quase legitimado, deverá, este último, sujeitar-se, também, ao citado "risco de administração". Contudo, o administrador de facto quase legitimado, na nossa visão, estará sujeito a um *risco de administração mitigado.*

O administrador de facto jussocietariamente relevante tem um "poder--dever de gerir a sociedade"[239], ou seja, de promover as atividades e o sucesso da sociedade[240]. Por sua vez, visto que o administrador de facto quase legitimado ainda não tem uma "relação de organicidade" com a sociedade, a sua responsabilidade societária deverá cingir-se ao(s) ato(s) de administração que executou, daí o seu risco de administração ser *mitigado,* pois limitado à sua atuação e não à administração *lato sensu.*

Note-se que o administrador de facto quase legitimado na sua atuação, preenche os requisitos cumulativos de aplicação do instituto da gestão de negócios[241-242] que, grosso modo, são os seguintes: a) direção[243] de

238 Ricardo Costa, últ. ob. cit. p. 956

239 Ricardo Costa, últ. ob. cit. p. 960.

240 Filipa Nunes Pinto, "A Responsabilidade Civil dos Administradores de Sociedades – a concretização dos deveres legais que origina essa responsabilidade", in *RDS,* VII, nº 1, 2015, p. 87; Rui Pinto Duarte, "Os Deveres dos Administradores das Sociedades Comerciais, in *CLR,* vol. II, nº 2, 2018, p. 85.

241 Igualmente em outras tipologias de administração de facto não legitimada, como veremos infra, de uma forma mais aprofundada, ponto 3.2.1. Reitere-se que Fabrizio Guerrera desenvolve o estatuto do *amministratore non legittimato* através, precisamente, do instituto da gestão de negócios, in ob. cit. pp. 174 a 179.

242 Salvo se for um verdadeiro *usurpador tirano* que atua para almejar exclusivos interesses próprios em detrimento dos do *dominus negotii.* No caso de atuar dessa forma, não nos coibimos de lhe aplicar diretamente a responsabilidade aquiliana (nesse sentido, Fabrizio Guerrera, ob. cit. p. 172, n. 130) do artigo 483º do CC, nem excluímos a eventual implicação de responsabilidade criminal (havendo, neste caso, uma *gestão imprópria de negócios,* nas palavras de Antunes Varela, *Das Obrigações em Geral,* Vol. I, 15ª Reimpressão da 10ª edição, Almedina, Coimbra, 2018, P. 454); Com similar entendimento, também, Menezes Cordeiro, *Tratado de Direito Civil VIII. Direito das Obrigações, Gestão de Negócios, Enriquecimento sem Causa, Responsabilidade Civil,* Reimpressão da 1ª edição do tomo III da parte II de 2010, Almedina, Coimbra, 2014, pp. 88.

243 Direta ou indiretamente, por intermédio de representante – seria a nossa administração de facto direta ou indireta, – mas sempre controlada pelo gestor (daí a não aplicação deste

negócio alheio[244] (desde negócio em sentido próprio[245], até atos materiais variados[246]); b) atuação no interesse (gestão objetivamente útil[247]) e por conta do *dominus negotii*[248]; c) ausência de autorização[249] deste[250]. Todavia, a sua aproximação ao administrador de facto legitimado obriga-o a uma

instituto nas hipóteses onde falha o requisito da autonomia decisional), MENEZES CORDEIRO, últ. ob. cit., p. 82.

244 RICARDO COSTA, rejeita a aplicação deste instituto aos sócios-administradores de facto da sociedade gerida. Entende que só uma visão "formalista da pessoa jurídica societária poderia conduzir ao limite de reter como «negócio»" e "«interesse alheio» o negócio social gerido, por um sócio, e identificar nele o *animus aliena negotia gerendi* (associado à intenção de agir no interesse e por conta de outrem)", in últ. ob. cit. p. 860. Ora, apesar de compreendermos este argumento, defendemos que a visão "formalista" que o Autor refere não é assim tão categórica (essencialmente em relação aos administradores de facto não legitimados). Desde logo, as sociedades comerciais são dotadas de personalidade jurídica coletiva e é através dela que a ordem jurídica "atribui às mesmas a qualidade de sujeitos de direito, de autónomos centros de imputação de efeitos jurídicos" (J. M. COUTINHO DE ABREU, *Curso de Direito Comercial: Das Sociedades*, Vol. II, 7ª Edição, Almedina, Coimbra, 2021, p. 164). Além dessa personalidade jurídica, que emerge do interesse comum/coletivo dos sócios – exceto nas sociedades unipessoais – (J. M. COUTINHO, últ. ob. cit. pp. 167 e 168), o interesse da sociedade, embora idealizado como "interesse comum a todos os sócios" (RICARDO COSTA, "Responsabilidade Social" na (ir)racionalidade das decisões dos Administradores de Sociedades, in *RDC*, Liber Amicorum, 2021, p. 1261), não se limita a isso. O artigo 64º, nº 1 alínea b) do CSC, estende o interesse social, outrossim, ao interesse dos trabalhadores, clientes e credores (J. M. COUTINHO, últ. ob. cit. pp. 280 e 281). Por via disso, o facto da sociedade ter personalidade jurídica própria, o interesse social ser o interesse comum dos sócios (e não o individual) e demais interesses de outros que se relacionam com a sociedade (relevante para o caso de falarmos de sociedade unipessoal – pois será interesse do sócio, dos trabalhadores, credores e clientes), faz-nos concluir que quando o sócio atua como administrador está, efetivamente, a comportar-se "despido da veste" de sócio, empreendendo atos de gestão numa entidade com personalidade jurídica autónoma (negócio alheio) e atendendo ao interesse social abrangente (interesse alheio ao interesse individualizado do sócio). Defendendo, também, que o interesse social corresponde ao interesse da sociedade, que pode não coincidir com os interesses dos sócios, mas sim com "a convergência de interesses de sócios atuais, dos sócios futuros e dos dependentes da empresa", FILIPA NUNES PINTO, ob. cit. p. 101.

245 Ato de representação externa para efeitos de administração.

246 Atos típicos e positivos de administração (seja representação interna ou externa).

247 Requisito de início da gestão – suscetibilidade de satisfazer necessidades do *dominus* (no nosso caso, da sociedade); MENEZES CORDEIRO, últ. ob. cit., p. 89.

248 No nosso caso, atuação no interesse e por conta da sociedade.

249 Note-se que este requisito é diferente da falta de anuência societária. A falta de autorização, para estes efeitos, tem que ver com a inexistência de uma relação jurídica anterior entre o *dominus* e o gestor que justifique a intervenção deste. (ANTUNES VARELA, ob. cit. p. 457). Assim, a ausência ou não do requisito da tolerância societária é irrelevante para a aplicação

diligência maior que a do regime comum (do *bonus pater familias*) aplicada a este instituto.

Posto isto, para delimitar o citado "risco de administração" ao qual o administrador de facto quase legitimado está adstrito, e face à aproximação da figura à gestão de negócios, chamamos à colação o artigo 466º do CC[251] o qual transcrevemos:

> *Artigo 466º – Responsabilidade do Gestor*
>
> *1 – O gestor responde perante o dono do negócio, tanto pelos danos a que der causa, por culpa sua, no exercício da* ***gestão****, como por aqueles que causar com a* ***injustificada interrupção dela****.*
>
> *2 – Considera-se culposa a actuação do gestor, quando ele agir em desconformidade com o interesse ou a vontade, real ou presumível, do dono do negócio.*

Quanto ao dever de "não interromper a gestão" há divergências doutrinais sobre o vínculo do gestor de negócios à gestão. Essa cisão doutrinal terá, necessariamente, repercussões na definição do *quantum* de "administração" ao qual o administrador de facto quase legitimado ficará submetido.

Antunes Varela entendeu que o artigo 466º, nº 1 do CC ao responsabilizar o gestor pelos danos da injustificada interrupção da gestão, está a pressupor e, deste modo, fixar indiretamente, um dever de continuar a gestão[252] até que o negócio "chegue a um bom porto". É, portanto, essa responsabilidade que, no entender do Autor, justifica o dever de continuar a gestão[253].

deste instituto (com uma explanação mais desenvolvida, ver o nosso ponto 3.2.1), pois a tolerância por si só não germina essa relação jurídica.

[250] Antunes Varela, ob. cit. pp. 451 e ss. Com igual sistematização dos requisitos, M. J. de Almeida Costa, *Direito das Obrigações*, 12ª edição, 6ª Reimpressão, Almedina, Coimbra, 2018, pp. 475 e 476; e Menezes Leitão, *Direito das Obrigações, Vol. I: Indrodução da Constituição das Obrigações*, 15ª edição (Reimpressão), Almedina, Coimbra, 2020, pp. 487 a 491.

[251] David Nunes dos Reis não coloca de parte a aplicação deste preceito, mesmo para o administrador de facto legitimado. In ob. cit. pp. 111 e 116.

[252] Dever legalmente imposto no artigo 2028º do *Codice Civile Italiano*. Fabrizio Guerrera entende que o "*amministratore non legittimato*", por força desta disposição legal, deve "empregar as energias necessárias à realização do negócio desenvolvido durante o tempo que for necessário, até à completa reativação funcional dos órgãos da sociedade", in ob. cit. p. 181. Em Espanha, o artigo 1888º do *Código Civil Español* consagra, igualmente, o dever de o gestor continuar a sua gestão até ao término do assunto e das suas incidências ou, em alternativa, requerer ao interessado que o substituía nela se este já se encontrar em condições de o fazer.

[253] Antunes Varela, ob. cit. pp. 458 e 459.

ARMINDO RIBEIRO MENDES defende, outrossim, a existência de um dever de continuar a gestão. Porém, o Autor vai mais longe, consignando que o gestor poderá estar vinculado a concluir o negócio mesmo que o *dominus* (no nosso caso seria o administrador de *iure* ou de facto jussocietariamente relevante, como órgãos representativos da sociedade) já estivesse em condições de o terminar[254].

Para DAVID NUNES DOS REIS[255] e CATARINA PROENÇA[256] não existe nenhum dever legal de continuação da gestão, mas apenas a responsabilidade do gestor pelos danos que a sua interrupção injustificada e culposa da gestão causar.

Além disso, "sendo esta uma intervenção altruísta e espontânea"[257] seria "demasiado gravoso" e excessivo para o gestor ficar preso à continuação da gestão[258], quando, na verdade, agiu com a finalidade de ser apenas "socialmente útil"[259].

Estes Autores seguem, assim, a doutrina de MENEZES LEITÃO[260] e de MENEZES CORDEIRO[261] que defendem a inexistência de um dever de continuar a gestão, havendo, tão-só, a obrigação de não causar danos com a interrupção injustificada.

Realmente, na linha do que defende esta parcela doutrinal, não conseguimos vislumbrar nenhum argumento, no teor literal do preceito, que nos faça considerar a exigência de um dever de continuar a gestão. Pelo que, nesta sequência, a responsabilidade societária do administrador de facto quase legitimado deverá ser balizada pela gestão que, *in concreto,*

254 O Autor usa o argumento das "legitimas expectativas" criadas no dono do negócio para defender a sua posição. ARMINDO RIBEIRO MENDES, *A Gestão de Negócios no Direito Civil Português,* Dissertação apresentada ao Curso Complementar de Ciências Jurídicas, FDL, Lisboa, 1971, pp. 208 a 210.

255 DAVID NUNES DOS REIS, ob. cit. p. 106.

256 CATARINA BRANDÃO PROENÇA, "Da apreciação da culpa do gestor de negócios", in *RCEJ,* Instituto Superior de Contabilidade e Administração do Porto, nº 19, Porto, 2011, p. 36.

257 CATARINA BRANDÃO PROENÇA, ob. cit. p. 37.

258 DAVID NUNES DOS REIS, ob. cit. p. 106.

259 A. VAZ SERRA, "Gestão de Negócios", in *Boletim do Ministério da Justiça,* nº 66, 1957, p. 113.

260 MENEZES LEITÃO, "A Responsabilidade do Gestor perante o Dono do Negócio no Direito Civil Português", in *Ciências e Técnica Fiscal,* Boletim da Direção-Geral das Contribuições e Impostos, nº 363, Lisboa, 1991, p. 20 e 21; ID., *Direito das Obrigações, Vol. I: Indrodução...,* ob. cit., p. 492.

261 MENEZES CORDEIRO, últ. ob. cit. p. 104.

cometeu[262], não lhe podendo ser um imposta uma gestão contínua da sociedade, mas, somente a não interrupção abrupta e injustificada do ato de gestão iniciado, sob pena de ser responsabilizado pelos prejuízos eventualmente causados.

Ademais, esse *quantum* de responsabilidade, embora seja perscrutado sob o modelo do "gestor criterioso e ordenado" não poderá ser medido da mesma forma que a responsabilidade do administrador jussocietariamente relevante. Ricardo Costa reconhece, inclusive, que no âmago da administração de facto legitimada podem existir diferentes manifestações dos deveres gerais (de cuidado e lealdade) consoante a "espécie e (subespécie) de administrador em causa no caso concreto"[263]. Ora, por maioria de razão, as manifestações desses deveres gerais deverão ser analisadas com certas cautelas em relação ao administrador de facto quase legitimado, pois não entra no núcleo da "relação orgânica de administração" nem é, e poderá nem vir a ser, administrador de facto legitimado equiparado (tendencialmente) ao de *iure*.

Não obstante, ainda assim, para efeitos de responsabilidade, deverão ser reputados os deveres legais específicos[264] e gerais de cuidado e lealdade encarrilhados pela bitola normativa do "gestor criterioso e ordenado"[265]

[262] Defendendo, igualmente, a circunscrição da responsabilidade ao que foi realizado, Aldo Dolmetta/ Antonella Alibrandi, "Questione attuali sulla figura del «direttore generale» d'impresa", in *Amministrazione e controlo nel diritto delle società* – Liber Amicorum Antonio Piras, G. Giappichelli Editore, Torino, 2010, pp. 415 e 416.

[263] E apresentando exemplos, vide Ricardo Costa, últ. ob. cit. p. 912.

[264] Que não pressuponham a mencionada "aptidão formal". Sobre estes deveres, vide J.M. Coutinho de Abreu, *Responsabilidade Civil dos Administradores...*, ob. cit. pp. 12 a 14 (com exemplos). – dos quais destacamos a obrigação de "não ultrapassar o objeto social", artigo 6º, nº 4 do CSC.

[265] Para um estudo mais aprofundado destes deveres e do padrão comportamental, da vastidão jurídico-literária, destacamos: Carneiro da Frada, "A business judgement rule no quadro dos deveres gerais dos administradores", in *ROA*, ano 67, vol. I, 2007, disponível em: https://portal.oa.pt/publicacoes/revista/ano-2007/ano-67-vol-i-jan-2007/doutrina/manuel-a-carneiro-da-frada-a-business-judgement-rule-no-quadro-dos-deveres-gerais-dos-administradores/; Nuno Trigo dos Reis, "Os deveres de lealdade dos Administradores de Sociedades Comerciais", in *Temas de Direito Comercial,* Almedina, Coimbra, 2009, p. 279 e ss. J.M. Coutinho de Abreu, últ. ob. cit. pp. 15 a 48; Filipa Nunes Pinto, ob. cit., pp. 90 a 105; José Ferreira Gomes, "O Sentido dos 'Deveres de Cuidado' (art. 64º do CSC)", in *ROA*, ano 76, 2016, pp. 447 a 495; Ricardo Costa, últ. ob. cit. pp. 913 a 927; Ricardo Costa/Gabriela Figueiredo Dias, "Artigo 64º", in *Código das Sociedades Comerciais em Comentário,* coord. J.M. Coutinho de Abreu, vol. I, 2ª edição, Almedina, Coimbra, 2017,

(artigo 64º, nº 1, alínea a) e b) do CSC) e, portanto, aplicados ao administrador de facto quase legitimado, embora com algumas adaptações[266].

Esses deveres estão, desde já, limitados ao(s) ato(s) de gestão que o administrador de facto quase legitimado concretiza. À vista disso, o dever de cuidado (na sua tríplice vertente: a) dever de controlo; b) dever de atuação procedimentalmente correta; c) dever de tomar decisões substancialmente razoáveis[267])[268] deve ser mitigado, sobretudo no que toca aos seguintes corolários do dever de controlo: a "disponibilidade", "o conhecimento da atividade" e atenção à evolução económico-financeira da sociedade[269]. Ora em relação a este tópico, será certa a inexigibilidade de um controlo e conhecimento de toda a atividade societária e, uma vez que o administrador em análise deverá centrar as suas atenções ao(s) ato(s) de gestão praticado(s), não lhe poderá ser imposta a "disponibilidade" de um administrador que controla a organização e atividade societária.

No que concerne ao dever de lealdade (na sua quíntupla dimensão: a) comportamento correto na realização de negócios entre o administrador e a sociedade; b) não concorrer com ela[270]; c) não aproveitar em benefício

pp. 766 a 771; Rui Pinto Duarte, ob. cit., pp. 79 a 85; Menezes Cordeiro, *Direito das Sociedades I – Parte Geral*, 4ª edição, Almedina, Coimbra, 2020, pp. 786 a 799.

266 E por intermédio da citada analogia. Igualmente, em relação ao administrador de facto legitimado ("non legittimato", na conceção de Fabrizio Guerrrera), defendendo a aplicação analógica ou interpretação extensiva de alguns deveres específicos dos administradores de *iure* àquele, Fabrizio Guerrera, ob. cit. pp. 182 a 184.

267 Note-se que o artigo 72º, nº 2 do CSC define a *Business Judgment Rule* tratada por J.M. Coutinho de Abreu como a "regra da decisão empresarial", in últ. ob. cit. p. 37. Sendo este preceito uma manifestação procedimental e sucedânea do dever de cuidado na sua vertente de tomar decisões razoáveis. Seguindo a regra desse preceito normativo, o julgamento das decisões dos administradores terá como elemento de exclusão de responsabilidade, um critério mais brando: o critério das decisões irracionais. Destarte, o administrador pode tomar a decisão menos razoável de uma multiplicidade de opções e, mesmo assim, não ser responsabilizado por não ser uma decisão irracional (sem explicação plausível e compreensível). J.M. Coutinho de Abreu, últ. ob. cit. p. 37; Ricardo Costa, "A Business Judgment Rule na Responsabilidade Societária: entre a Razoabilidade e a Racionalidade", in *Governação das Sociedades, Responsabilidade Civil e Proteção dos Administradores*, Coordenação: Maria João Antunes e Alexandre Soveral Martins, IJFDUC/IDET, Coimbra, 2018, pp. 109, 110 e 115; Id., *Estudos Dispersos...*, ob. cit. pp. 20, 21, 26 e 27; Ricardo Costa, "Responsabilidade Social...", ob. cit. p. 1259.

268 J.M. Coutinhode Abreu, últ. ob. cit. pp. 20 a 24.

269 J.M. Coutinho de Abreu, últ. ob. cit. p. 20.

270 É, inclusive, um dever legal específico para os gerentes das sociedades por quotas e para os administradores das sociedades anónimas (respetivamente, artigos 254º, nº 1; 398º, nº 3 e 428º, todos do CSC).

próprio oportunidades de negócio societárias; d) não utilizar em benefício próprio bens e informações da sociedade; e) não abusar do estatuto ou posição ocupada)[271], deverá ser excluída a obrigação de não concorrência. Desde logo, seria "gravosa" e "inibitória" a necessidade de o administrador de facto quase legitimado não exercer atividade concorrente (por conta própria ou alheia[272]) pela realização de algum ou alguns atos de gestão. Os atos deste administrador serão, necessariamente, circunstanciais, pois, se assim não fosse, estariam reunidas todas as "ferramentas" para o surgimento do administrador de facto legitimado, dado que uma intervenção reiterada/habitual daquele sujeito (que atua também com autonomia) não se coaduna com um desconhecimento da sociedade (só com uma gritante inércia da sociedade, geradora de responsabilidade – precisamente por violação dos deveres de cuidado – levaria a esse "desconhecimento").

Pelas razões expostas, seria demasiado prejudicial a proibição do exercício de qualquer atividade concorrente, tão-somente, pelo facto do sujeito praticar alguns atos de gestão sem a anuência da sociedade, embora em benefício desta.

Assim sendo, os deveres legais específicos de não concorrência, como uma das facetas do dever de lealdade, não deverão ser impostos ao administrador de facto quase legitimado.

A propósito, os deveres de não aproveitar em benefício próprio oportunidades de negócio societárias, bens e informações societárias e o dever de não abusar da sua posição, serão suficientes para impingir no administrador de facto quase legitimado uma lealdade que proteja os superiores interesses da sociedade.

No que toca aos deveres legais específicos, apesar de nem todos poderem ser aplicados aos administradores de facto pelo seu puro "pendor formal", existem outros tantos que serão relevados. Para o presente efeito, destacaremos alguns dos deveres que poderão ser imputados ao administrador de facto quase legitimado na sua atuação:

a) Não contrariar as cláusulas dos estatutos sociais, as deliberações que delimitem o objeto social ou proíbam a prática de certos atos (artigo 6º, nº 4, 259º, 373º, nº 3, 405º, nº 1, *in fine*, todos do CSC);

[271] J.M. Coutinho de Abreu, últ. ob. cit. pp. 25 a 36.

[272] J.M. Coutinho de Abreu, últ. ob. cit. p. 28.

b) Não praticar negócios que violem a especialidade do fim social (artigo 160, nº 1 do CC e artigo 6º, nº 1 do CSC);
c) Não executar deliberações nulas ou anuladas (artigo 412º, nº 4 do CSC), assim como, as deliberações nulas ou anuladas de "sociedade aberta" (artigo 24º, nº 3 do Código dos Valores Mobiliários);
d) Proceder de acordo com a boa-fé e lealdade na pendência de "oferta pública de aquisição"[273].

Sem embargo dos deveres (aos quais devemos incluir, ainda, os tipificados no artigo 465º do CC) e responsabilidades impostos ao administrador de facto quase legitimado, existem direitos que devem ser destacados/assinalados.

Entrando, agora, no caminho das prerrogativas, RICARDO COSTA defende que o administrador de facto legitimado adquire, com a sua qualificação, alguns dos direitos "associados à administração gestionária", quais sendo: a) possibilidade de participar nas reuniões da gerência ou do conselho de administração; b) contribuir de forma válida para a formação das deliberações; c) a exigência de remuneração pelo exercício da atividade típica (artigos 192º, nº 5, 255º, 399º e 429º, todos do CSC); d) a faculdade de não ser destituído sem motivos[274].

A nossa tese distancia-se da atribuição desses direitos correlacionados com a "administração gestionária" ao administrador de facto quase legitimado.

Desde logo, com a participação nas suprarreferidas reuniões e deliberações será, por certo, notório o conhecimento e tolerância da sociedade nessa atuação, fazendo, portanto, cair esta tipologia de administração fáctica não legitimada.

Ademais, no que tange ao direito de remuneração, seria desproporcional a atribuição de uma remuneração nos mesmos termos em que é atribuída aos administradores formais e legitimados, pois, na verdade, o sujeito não legitimado é um verdadeiro *outsider*, cujas condutas, embora possam e devam ser "altruístas", não são toleradas/consentidas pela sociedade[275],

[273] RICARDO COSTA, "Responsabilidade Civil Societária...", ob. cit. pp. 41 e 42; ID., *Os Administradores de Facto...*, ob. cit. pp. 928 e 929.

[274] RICARDO COSTA, *Os Administradores de Facto...*, ob. cit. p. 900.

[275] Considerando que estes "usurpadores e intrusos no escritório" não devem receber quaisquer quantias a título de "salários" ainda que tenham prestado serviços para a sociedade, JAMES COX/THOMAS HAZEN, ob. cit. p. 366.

que, desse modo, estaria associada a uma obrigação remuneratória dependente de uma arbitrariedade dela desagregada.

Acresce ainda que a definição de "remuneração societária" aparece como uma contrapartida que "engloba todas as prestações de conteúdo patrimonial e não apenas uma contrapartida pelo serviço prestado no seio de certa sociedade"[276], que, portanto, não se coaduna com a atuação tendencialmente temporária e limitada a certo(s) ato(s) de administração (com um "risco de administração mitigado") materializados pelo administrador de facto quase legitimado.

Além disso, a lei societária é clara: a remuneração é fixada por ato unilateral da sociedade[277] (pelos sócios, no caso das sociedades em nome coletivo e por quotas[278], e nas sociedades anónimas pela assembleia geral de acionistas, conselho geral e de supervisão ou por uma comissão de remuneração por eles nomeada[279]), pelo que, inexistindo a aquiescência societária, por maioria de razão, não haverá esse ato unilateral e, por consequência, não poderá existir remuneração baseada nessas disposições. Assim, por esse motivo, não será, por via de princípio, atribuída qualquer remuneração aos administradores de facto quase legitimados (veremos infra, uma pequena brecha de admissão, ainda que fora dos preceitos societários).

E em matéria de destituição de administradores? É possível o administrador de facto quase legitimado ser destituído com ou sem justa causa? Beneficiará de algum direito indemnizatório dela decorrente? No que toca a estas perquirições, impõe-se, uma resposta negativa, *id est*, não haverá destituição e, nessa decorrência, não existirá lugar a qualquer indemnização a ela atinente.

Para haver destituição é indiscutível a necessidade de uma precedente relação orgânica de administração. Coutinho de Abreu, inclusive, quando aborda esta matéria, trata a destituição como um direito de a sociedade prescindir da "relação orgânica"[280] ou "tornar inexigível a manutenção

[276] Jorge André Carita Simão, "A Remuneração dos Administradores das Sociedades e as suas implicações no contexto da crise financeira mundial", in *RDS*, II, nº 3 e 4, 2010, p. 808.

[277] J. M. Coutinho de Abreu, *Governação das Sociedades...*, ob. cit. p. 93; Menezes Cordeiro, últ. ob. cit. p. 839.

[278] Artigos 192º, nº 5 e 255º, nº 1 do CSC.

[279] Artigos 399º, nº 1 e 429º do CSC.

[280] J. M. Coutinho de Abreu, "Destituição de Administradores de Sociedades", in *BFD*, 83, Coimbra, 2007, p. 80; Id., *Governação das Sociedades...*, ob. cit. pp. 156 e 157.

da relação administrativa"[281]. JOÃO LABAREDA também engloba a destituição, com e sem justa causa, como uma das formas de cessação da "relação de administração"[282]. Define-a como aquela que abrange "o vínculo que liga a sociedade aos titulares do respetivo órgão de gestão, independentemente da designação que assume nos diversos tipos de sociedade."[283].

Com efeito, no que diz respeito à génese da relação de administração formal, a doutrina tem apontado, sensivelmente, três teses: a unilateralista[284], a contratualista[285] e a dualista[286] ou mista[287].

Quem defende a primeira entende que a relação de administração advém, em regra, exclusivamente de um negócio unilateral – a deliberação de eleição do administrador – sendo a aceitação, tão-só, condição de eficácia daquela[288]. COUTINHO DE ABREU, perfilha, aliás, que, sendo a deliberação de eleição registável (artigo 3º, nº 1, alínea m), do CRCom) e impugnável judicialmente – a relação de administração adquire "conteúdo suficiente na lei, no estatuto social e em deliberações"[289].

Os defensores da tese contratualista[290], reconduzem a relação de administração a um contrato (de mandato, de prestação de serviços, de trabalho

[281] J. M. COUTINHO DE ABREU, "Destituição de Administradores...", ob. cit. p. 83, ID., *Governação das Sociedades...*, ob. cit. pp. 160 e 161.

[282] JOÃO LABAREDA, "A Cessação da Relação de Administração", in *Direito Societário Português – Algumas Questões*, Quid Iuris? Sociedade Editora, Lisboa, 1998, p. 72 e ss.

[283] JOÃO LABAREDA, últ. ob. cit. p. 65, n. 1.

[284] Para um estudo mais esquadrinhado, vide L. BRITO CORREIA, *Os Administradores de Sociedades Anónimas*, Almedina, Coimbra, 1993, pp. 392 e ss.

[285] Aprofundando as diversas teorias contratualistas, L. BRITO CORREIA, ob. cit. pp. 375 e ss.

[286] Sobre as teses dualistas, L. BRITO CORREIA, ob. cit. pp. 397 e ss.

[287] Designação dada por PAULO DE TARSO DOMINGUES, "Administradores Trabalhadores: Breves notas", in *CLR*, vol. II, nº 2, 2018, p. 13, n. 8

[288] Seguindo esta tese unilateralista: FABRIZIO GUERRERA, ob. cit. p. 167; J. M. COUTINHO DE ABREU, "Administradores e Trabalhadores de Sociedades (Cúmulos e Não)", in *Temas Societários*, IDET, Colóquios, nº 2, IDET, Almedina, Coimbra, 2006, pp. 12 e 13; ID., *Curso de Direito Comercial: Das Sociedades...*, ob. cit., pp. 548 a 550; RICARDO COSTA, últ. ob. cit. pp. 376 a 378.

[289] J. M. COUTINHO DE ABREU, "Administradores e Trabalhadores...", ob. cit. p. 13; ID., *Curso de Direito Comercial: Das Sociedades...*, ob. cit. pp. 549 e 550.

[290] Seguindo esta orientação: L. BRITO CORREIA, ob. cit. pp. 495 e 496; GASTONE COTTINO, *Diritto Societario*, 2ª Edizione, a cura di Oreste Cagnasso, con la collaborazione di Angelo Bertolotti, Edizioni CEDAM, Padova, 2011, págs, 402 e 403. Entendendo que a maioria da doutrina atribui a qualificação de *contrato de administração* ao acordo celebrado entre o administrador e a sociedade, DIOGO LEMOS E CUNHA, "A Destituição de Administradores

e, até mesmo, um contrato de administração), sendo a deliberação eletiva a proposta contratual e a aceitação do cargo a correspondente aceitação da proposta[291].

Por seu turno, os dualistas entendem que a relação de administração emerge de uma junção de negócios: o negócio jurídico unilateral de designação societária e o contrato que se estabelece entre a sociedade e o sujeito designado[292].

Pois bem, independentemente da teoria que seja sufragada, existe, inelutavelmente, um denominador comum a todas elas: a existência de designação. Sem ela não é possível chegar à relação de administração formal. Porquê "formal"? Porque, seguimos a trilha definida por RICARDO COSTA que apresenta uma conceção ampla de relação orgânica de administração, baseada na "fonte bivalente" – formal (com a designação – através de deliberação, nomeação judicial, contrato de sociedade, etc.[293]) e a fáctica jus-societariamente relevante[294].

Destarte, em coerência com o exposto, negamos a existência de qualquer relação de administração (existindo, somente, uma *atuação na administração*) entre uma sociedade e qualquer tipologia de administrador de facto não legitimado, na qual se insere o quase legitimado, pois não se enquadra na administração fáctica legitimada e, muito menos, brotará de uma designação societária que faz nascer a relação de administração formal.

Por via disso, sendo a destituição uma das formas de cessação da relação de administração (formal ou fáctica legitimada), o desprovimento desta última impede a existência da primeira.

Concluímos, portanto, que um administrador de facto quase legitimado (e qualquer outro não legitimado), não estará sujeito a qualquer regime de destituição (com ou sem justa causa), por falta desse pressuposto de rela-

de Sociedades Anónimas: Em particular o alcance e o sentido da justa causa de destituição", in *ROA*, Ano 74, II, 2014, p. 579.

[291] J. M. COUTINHO DE ABREU, "Administradores e Trabalhadores...", ob. cit. p. 12; ID., *Curso de Direito Comercial: Das Sociedades...*, ob. cit. p. 549; PAULO TARSO DOMINGUES, ob. cit. p. 13, n. 8.

[292] PAULO TARSO DOMINGUES, ob. cit. p. 13, n. 8.

[293] Com mais exemplos, J. M. COUTINHO DE ABREU, *Curso de Direito Comercial: Das Sociedades...*, ob. cit. pp. 547 e 548.

[294] Apresentada por RICARDO COSTA, "Administrador de Facto..." ob. cit. p. 735; ID., "Administrador de Facto e Artigo 80º do CSC..." ob. cit., p. 220; *Os Administradores de Facto...*, ob. cit. p. 988; *Estudos Dispersos...* ob. cit., pp. 99, 100 e 139.

ção orgânico-administrativa. E, seguindo esta decorrência, não resultará, outrossim, qualquer direito indemnizatório[295] pelo afastamento imotivado do sujeito não legitimado.

Uma vez negados direitos remuneratórios e indemnizatórios estatuídos no nosso CSC ao administrador de facto quase legitimado, poderá encontrá-los noutros regimes jurídicos? Será que os tem? Se sim, quais serão?

Tal como ocorre em relação ao administrador de facto jussocietariamente relevante/legitimado, a atuação deste sujeito terá, essencialmente, uma carga de relevo obrigacional[296]. No entanto, não sendo o administrador de facto quase legitimado um mero *intruso tirano* e, portanto, atuando por conta e no interesse da sociedade (para além do preenchimento dos demais requisitos da gestão de negócios) poderão ser-lhe reconhecidos alguns direitos[297]. Direitos esses que advirão da aplicação, pelos motivos já aduzidos, do instituto da gestão de negócios.

Deste modo, começamos pela transcrição do artigo 468º, do CC:

> *"Artigo 468º – Obrigações do dono do negócio*
>
> *1 – Se a gestão tiver sido exercida em conformidade com o interesse e a vontade, real ou presumível*[298]*, do dono do negócio, é este* ***obrigado a reembolsar o gestor das despesas que ele fundadamente tenha considerado indispensáveis, com juros legais*** *a contar do momento em que foram feitas, e* ***a indemnizá-lo do prejuízo que haja sofrido.***
>
> *2 – Se a gestão não foi exercida nos termos do número anterior, o dono do negócio responde apenas segundo as* ***regras do enriquecimento sem causa****, com ressalva do disposto no artigo seguinte."*

Posto isto, se o administrador de facto quase legitimado atuou no interesse e vontade (real ou presumível) da sociedade poderá beneficiar dos seguintes direitos:

[295] Que pode existir no caso de destituição sem justa causa, *v.g.* nas sociedades por quotas, artigo 257º, nº 7 do CSC; e nas sociedades anónimas, artigos 403º, nº 5 e 430º, nº 2, ambos do CSC.

[296] Ricardo Costa, *Os Administradores de Facto...*, ob. cit. p. 900.

[297] Alguns emergirão da aprovação da gestão efetuada, de acordo com o artigo 469º do CC.

[298] O administrador/gestor deve abster-se de praticar atos que o dono "não quer, ou não quereria, com pleno conhecimento de todas as circunstâncias que interessam ao caso"; Antunes Varela, ob. cit. p. 463.

a) Reembolso das despesas, mas apenas daquelas que sejam consideradas indispensáveis; e/ou
b) Indemnização pelos prejuízos[299] que sofreu pela gestão; e
c) Direito de retenção para a satisfação dos seus créditos (artigo 755º, alínea d) do CC)

Por sua vez, se o administrador iniciou a sua atuação em termos úteis e no interesse da sociedade (se assim não fosse, seria um mero *usurpador*, não havendo gestão), mas durante a mesma não respeitou o interesse/vontade real ou presumível desta, poderá ser responsabilizado (*quantum* de responsabilidade, porém, definido pela diligência do "gestor criterioso e ordenado"). Todavia, atento o teor do artigo 468º, nº 2 do CC, ainda que o administrador não execute o ato no interesse da sociedade, a mesma deverá, ainda assim, ressarcir aquele pelas efetivas vantagens (não pelas despesas do administrador) que obteve dessa atuação, sendo certo que nada deverá se estas forem inferiores às inerentes desvantagens[300].

Reitere-se que a esses direitos de compensação/indemnização poderá acrescer, excecionalmente, um direito de remuneração. Em consonância com o exposto supra, o administrador de facto quase legitimado não terá a ela direito por força da inobservância das disposições societárias. Além disso, o artigo 470º, nº 1, do CC, face ao escopo tendencialmente altruístico da gestão[301], entende, por via de princípio, que a gestão de negócios não dará direito a qualquer remuneração. Contudo, excecionalmente, poderá haver lugar a esta, pelo(s) ato(s) praticado(s), se a atuação corresponder ao exercício da atividade profissional do sujeito[302], ou seja, se o gestor de negócios for, por exemplo, um profissional formado em administração de empresas/*Master of Business Administration (MBA)*. Não obstante, como já referimos anteriormente, temos algumas reservas em relação à atribuição

[299] Danos emergentes (prejuízo propriamente dito) e lucros cessantes (benefícios que deixou de obter em consequência da gestão) – artigo 564º do CC. Antunes Varela (ob. cit. p. 467, n. 1), entende que ainda devem ser computadas no montante indemnizatório "as obrigações que o gestor tenha contraído em seu nome e não cheguem, por qualquer razão, a ser transferidas para o interessado".

[300] Menezes Cordeiro, *Tratado de Direito Civil VIII...*, ob. cit. p. 111.

[301] Menezes Cordeiro, últ. ob. cit. p. 111.

[302] Reconduzindo esta atuação a uma "gestão mista" por abranger a gestão de negócio alheio e a profissão do gestor, M. J. de Almeida Costa, ob. cit. p. 484.

de uma remuneração por uma atuação "não consentida/tolerada" pela sociedade, ainda que seja por alguém com habilitações para o efeito.

Por força disso, entendemos que o alcance do preceito, para os presentes efeitos, deverá ser alvo de uma adaptação restritiva[303], sendo requisito de atribuição da remuneração, não só o exercício de atividade profissional plasmado na lei, mas também, o esforço perpetrado pelo sujeito[304] e as vantagens concretas e notórias[305] que essa intervenção trouxe para a sociedade. Uma vez preenchidas estas premissas cumulativas, o administrador de facto quase legitimado poderá receber uma merecida remuneração que, deverá, no nosso entender, ser balizada por um critério de equidade[306].

Em suma, é possível chegar à conclusão que a disciplina híbrida (com aplicação analógica da responsabilidade societária e de alguns dos seus deveres e aplicação direta do regime da gestão de negócios) do administrador de facto quase legitimado, impõe-lhe, essencialmente, um regimento obrigacional mais alargado face às prerrogativas que apresentam, essencialmente, uma projeção eventual.

Note-se que no presente tópico não foi abordada a vinculação da sociedade pelos atos desta tipologia de administração. Por uma questão de organização da exposição e, igualmente, pelos uniformes mecanismos utilizados, nesta matéria, para as várias categorias de administração fáctica não legitimada, dedicaremos, infra, um exclusivo tópico dissertativo.

3.2. O estatuto do administrador de facto não legitimado simples/puro

Ao contrário da tipologia precedente que apresenta um regime uniforme, será nesta categoria de administrador de facto que se notará a já mencionada *multifocalidade*.

Face às diferentes propriedades que este administrador de facto pode apresentar, teremos que chamar à colação distintos institutos, contratos e preceitos normativos que serão subsumidos ou excluídos da figura consoante os pressupostos de legitimação que o administrador de facto não legitimado puro, *in concreto*, absorva.

303 Fabrizio Guerrera, embora aplique o instituto da gestão de negócios aos administradores de facto, não nega as "adequadas operações hermenêuticas de revisão e adaptação do instituto" às qualidades próprias da administração fáctica.

304 Menezes Cordeiro, últ. ob. cit. p. 112

305 Essas vantagens terão que ser de tal forma evidentes que fazem com que o exercício do direito a não remunerar constitua um verdadeiro abuso do direito (artigo 334º do CC).

306 Ver artigos 470º, nº 2 e 1158º, nº 2, *in fine*, ambos do CC.

3.2.1. A gestão de negócios

Pertence a Fabrizio Guerrera o maior desenvolvimento da recondução da figura do administrador de facto ao regime da gestão de negócios[307].

Embora o *Codice Civile Italiano* (artigo 2028º e ss.) não apresente propriamente uma noção de gestão de negócios, consignando apenas as consequências da atuação, a doutrina Italiana procurou indicar os seguintes pressupostos cumulativos:

a) Gestão de um negócio (segundo a doutrina italiana, a gestão de negócios abrange, somente, os atos de conteúdo patrimonial)[308];
b) Ausência de obrigação de assumir a gestão[309];
c) *Animus gerendi* (consciência de gestão de negócio alheio)[310];
d) Alienidade do negócio (ser o negócio objetivamente alheio)[311];
e) Utilidade inicial da gestão[312];
f) Ausência da *prohibitio domini*[313];
g) *Absentia domini.*[314]

Em Portugal, diversamente, a lei apresenta uma noção de gestão de negócios que aparece no artigo 464º do CC: "Dá-se a gestão de negócios, quando uma **pessoa assume a direção de negócio alheio** no **interesse** e **por conta** do respetivo **dono, sem para tal estar autorizada**"

[307] Fabrizio Guerrera, ob. cit. pp. 141 e 142, n. 30 e 174 e ss.; Ricardo Costa, últ. ob. cit. pp. 857 e 858; Alessandro Nigro, "El mandato tacito degli amministratori di società per azioni", in *Il Foro Italiano*, vol. LXXXVIII, Società Editrice del "Foro Italiano", Roma, 1965, pp. 2139 e 2140 (Ainda antes da abordagem de Fabrizio Guerrera, este Autor Italiano chamava o instituto quando um sujeito, sem legitimidade formal para representar a sociedade, e perante a ausência dos administradores formais, celebrava negócios com terceiros em representação daquela. Ora, nesta conjetura, a gestão de negócios teria a vantagem de proteger a sociedade com a faculdade de não ratificar o negócio celebrado por quem não teria legitimidade para o efeito – artigo 2032º do *Codice Civile Italiano*); também seguindo o trilho de Guerrera, vide, Rolandino Guidotti, "Amministratore di Fatto e Negotiorum gestio", in *Giurisprudenza Italiana*, Anno 152, UTET, Torino, 2000, pp. 771 e 772.

[308] Menezes Leitão, "A Responsabilidade do Gestor...", ob. cit. pp. 179 e 180.

[309] Menezes Leitão, últ. ob. cit. pp. 179 e 181.

[310] *Ibidem.*

[311] Menezes Leitão, últ. ob. cit. pp. 179, 181 e 182.

[312] Menezes Leitão, últ. ob. cit. pp. 179, 182 e 183.

[313] Menezes Leitão, últ. ob. cit. pp. 179 e 183.

[314] *Ibidem.* Este requisito, tradicionalmente, não é considerado como um dos elementos da gestão de negócios na perspetiva nacional, conforme expõe Ricardo Costa, últ. ob. cit. p. 859, n. 1913 (com várias referências bibliográficas).

Aquando da determinação do estatuto do administrador de facto quase legitimado, foram apresentados os requisitos/pressupostos na esquematização feita por ANTUNES VARELA.

Embora, em bom rigor, os requisitos sejam sensivelmente os mesmos, MENEZES CORDEIRO difunde uma sistematização diferente.

De acordo com esta, em primeiro lugar, é necessária uma direção de negócio, ou seja, uma atuação controlada pelo próprio gestor (direta ou indiretamente, através de auxiliares ou representantes) e a concretização de negócios em sentido amplo abarcando: negócios *proprio sensu*, atos jurídicos não negociais e atos materiais[315].

Em segundo, surge a alienidade, isto é, o negócio terá como conteúdo um direito alheio (alienidade objetiva) e evidenciará um elemento intencional de prestar um serviço a outrem, que não resulte exclusivamente em proveito próprio (alienidade subjetiva)[316].

Em terceiro, o gestor terá que atuar por conta do *dominus, id est*, a sua conduta terá que, objetiva (através da ação) e subjetivamente (com a intenção), "inscrever-se na esfera do beneficiário".[317]

Em quarto lugar, a gestão de negócios terá que ser concretizada no interesse do dono, ou seja, deve iniciar-se de forma objetivamente útil para o *dominus*[318].

Por último, não poderá haver qualquer autorização do *dominus*. MENEZES CORDEIRO e MENEZES LEITÃO têm interpretado este pressuposto como ausência de uma prévia relação especifica[319] entre o *dominus* e o gestor[320]. No entanto, MENEZES LEITÃO acrescenta um pormenor. O Autor considera que haverá falta de autorização igualmente nos casos de ausência de "um certo tipo de legitimidade na intervenção do gestor"[321].

Seguindo esta última anotação doutrinal, cremos que a existência de uma relação prévia entre o dono de negócio e o gestor não é condição sufi-

[315] MENEZES CORDEIRO, *Tratado de Direito Civil VIII...*, ob. cit. pp. 82 e 83.

[316] MENEZES CORDEIRO, últ. ob. cit. pp. 84 e 85, n. 258.

[317] MENEZES CORDEIRO, últ. ob. cit. pp. 86 e 87.

[318] MENEZES CORDEIRO, últ. ob. cit. pp. 88 a 90.

[319] *V.g.* qualquer contrato de prestação de serviços, como contrato de mandato; existência de procuração; exercício das responsabilidades parentais; permissão específica de atuação, como legitima defesa e estado de necessidade – exemplos de relações jurídicas retiradas de MENEZES CORDEIRO, últ. ob. cit. p. 91.

[320] MENEZES LEITÃO, últ. ob. cit. pp. 243 e 244; MENEZES CORDEIRO, últ. ob. cit. pp. 90 e 91.

[321] MENEZES LEITÃO, últ. ob. cit. p. 243.

ciente para afastar o instituto da gestão de negócios. Imaginemos que a sociedade A e o advogado B celebram um contrato de mandato judicial para este representar a primeira em juízo. O advogado começa a frequentar as instalações e a sede da sociedade e, face à ausência dos administradores, pratica alguns atos de administração típicos e relevantes. Será que, no caso *sub judice,* este advogado não poderá ser gestor de negócios pelo facto de existir uma relação prévia com o *dominus*? Pois bem, uma vez que o contrato de mandato judicial não conferia competências ao advogado para praticar atos de administração, mas apenas poderes de representação em tribunal, entendemos que este requisito da gestão de negócios estará preenchido, ou seja, não existirá autorização do *dominus.*

Fabrizio Guerrera defende, do mesmo modo, que, na eventual prática de atos que excedem as competências convencionalmente atribuídas por uma relação contratual de colaboração autónoma ou subordinada com a sociedade, deverá ser aplicado o instituto da gestão de negócios face aos "atos excedentários", em detrimento das disposições próprias daquela[322].

Uma vez definidos os requisitos da gestão de negócios, estamos em condições de subsumir, neste instituto, algumas das tipologias da administração de facto não legitimada pura.

Antes de mais, é fulcral mencionar que, para além dos quesitos da carência de investidura formal e da "intensidade qualitativa" (requisitos indispensáveis para existir administrador de facto material), há outro que, para os presentes efeitos, não poderá ser descurado. Falamos na autonomia decisional.

A carência da investidura formal está relacionada com a ausência de autorização, mais concretamente, na inexistência de uma relação prévia entre a sociedade e o administrador de facto que legitime a sua atuação enquanto tal.

A "intensidade qualitativa" interliga-se com o pressuposto da direção de negócio, focando a atenção na definição ampla de "negócio", com a prática de atos materiais e negócios em sentido próprio que integrem a "alta direção"

Também o elemento da autonomia decisional está relacionado com este último pressuposto, todavia, voltado para o tópico da "direção". O administrador/gestor terá, deste modo, que controlar (ainda que por inter-

[322] Fabrizio Guerrera, ob. cit. p. 206, n. 212.

médio de terceiro) a gestão realizada, pelo que, caso a sua atuação sofra uma influência decisiva por parte de outrem, falhará a autonomia decisional, um dos requisitos da gestão de negócios e indispensável para a subsunção.

Face ao exposto, em quais conjeturas de administração de facto não legitimada simples, pode ser utilizado o instituto da gestão de negócios? Vimos, no ponto 3.1, que a exclusiva falta de aquiescência societária que qualifica o administrador de facto quase legitimado admite a aplicação do instituto, mas e nestas categorias simples/puras?

Antes de responder às indagações levantadas, deve-se firmar o seguinte: a anuência/consentimento da sociedade na atuação do administrador de facto não é igual à autorização do *dominus* para efeitos de gestão de negócios. O consentimento da sociedade não passa de uma tolerância na atuação, enquanto que a autorização do *dominus*, como elemento de exclusão, implica uma "prévia relação específica" que permita que o sujeito, por via dela, concretize os atos de gestão.

Ora, por esta razão, o preenchimento ou não do tópico da tolerância societária será irrelevante para a subsunção.

O mesmo acontece em relação à "intensidade quantitativa". Para haver gestão de negócios é, obviamente, necessária a prática de atos. No entanto, uma vez que o gestor não está obrigado a continuar a gestão iniciada (vide, ponto 3.1 do presente capítulo), mas apenas a não a interromper de forma injustificada, nada obstará à aplicação deste instituto mesmo que o administrador de facto se limite a intervenções circunstâncias/ocasionais, ou até mesmo a uma única intervenção sem a aludida "expressividade económico-funcional".

Perante tais dados, podemos concluir que existem duas tipologias de administradores de facto não legitimados puros que encontram o seu regime na gestão de negócios: a) aquele sujeito que, cumprindo todos os demais requisitos de legitimação, carece, na sua atuação, da "intensidade quantitativa" e da aquiescência societária; bem como b) aquele cuja atuação carece, tão-só, da "intensidade quantitativa"[323].

[323] João Miguel Santos Cabral, admite a aplicação analógica do regime da gestão de negócios na prática esporádica e ainda que exista a tolerância societária "O Administrador de Facto..." ob. cit. p. 135. Diversamente, não vislumbramos nenhum obstáculo à aplicação direta deste instituto uma vez preenchidos todos os seus pressupostos/requisitos.

Feita a projeção aplicativa, será curial expor de forma sucinta[324] as obrigações e os direitos destes administradores.

É no artigo 465º do CC que estes administradores não legitimados encontram determinados os seus deveres, quais sendo: a) dever de conformação com o interesse e a vontade, real ou presumível, do *dominus negotii; b)* dever de avisar a assunção da gestão; c) dever de prestação de contas; d) dever de fornecimento de informações sobre a gestão; e) dever de entregar tudo que recebeu com a gestão[325].

Por sua vez, o artigo 466º do CC também consigna o dever de não interromper injustificadamente a gestão iniciada[326]. Como já foi mencionado supra, este preceito serve para balizar o âmbito da responsabilidade do gestor que, deste modo, deve ser responsabilizado por aquilo que fez e, eventualmente, por interromper a gestão iniciada de forma injustificada.

O incumprimento culposo dos deveres descritos é gerador de responsabilidade civil obrigacional, nos termos do artigo 799º, do CC. A culpa, para este efeito, será ajuizada pelo critério do artigo 487º, nº 2 do mesmo diploma (aplicável por força do artigo 799º, nº 2, do CC), ou seja, a bitola geral do *bonus pater familias*[327] (culpa *in abstrato)*[328]. A mesma bitola será empregue para efeitos de responsabilidade civilística pelos danos causados.

E no que toca às matérias da destituição e remuneração? Será possível a aplicação dos preceitos societários relativos a estes quesitos? É premente

[324] Não será, por certo, objeto da presente dissertação todas as demandas associadas ao Instituto da Gestão de Negócios. Portanto, uma vez reconhecida a sua aplicação, caberá ao jurista/julgador/intérprete, estudar de forma pormenorizada todas as suas incidências e dissidências doutrinais.

[325] Menezes Cordeiro, últ. ob. cit. pp. 94 a 101.

[326] Sobre a divergência doutrinal à volta deste dever (de não interromper injustificadamente a gestão vs dever de continuar a gestão) vide ponto 3.1.

[327] Menezes Cordeiro, últ. ob. cit. p. 106; e Menezes Leitão, *Direito das Obrigações, Vol. I: Indrodução...*, ob. cit., p. 496; é o "padrão da diligência exigível do comum das pessoas" em todos os setores da vida e atividade, segundo Antunes Varela, ob. cit. pp. 575 e 576, n. 3.

[328] Igualmente, Fabrizio Guerrera, ob. cit. p. 181; com uma posição intermédia, defendendo que, em regra, o gestor deverá atuar com diligência igual à que teria na gestão dos seus próprios negócios. Excecionalmente, passaria a ser exigida a diligência do *bonus pater familias*, sempre que a gestão fosse exercida por um profissional ou na hipótese do gestor ter, conscientemente, impedido a gestão por outra pessoa, assumindo o papel de garante do resultado, in M. J. de Almeida Costa, ob. cit. p. 485. Com posição distinta, apelando à culpa *in concreto*, ou seja, culpa aferida com base naquilo que o próprio dono do negócio faria, Antunes Varela, ob. cit. p. 461.

a imposição de uma resposta negativa. Os administradores de facto não legitimados carecem, como já demos nota, de valência societária. É certo que o caso do administrador de facto quase legitimado permite a aplicação analógica de alguns preceitos societários em matéria de responsabilidade, pela sua aproximação ao administrador de facto legitimado. Contudo, mesmo para esta categoria não legitimada, concluiu-se que não seria possível a aposição dos preceitos societários da destituição e remuneração.

Por via disso, atendendo aos argumentos aduzidos para o administrador de facto quase legitimado (ponto 3.1) e utilizando um argumento *a fortiori* face ao verdadeiro distanciamento existente entre o administrador de facto não legitimado simples e o legitimado, não poderão ser aplicadas as disposições societárias relativas à destituição e remuneração.

No que concerne aos direitos das tipologias de administrador de facto não legitimado puro, amparadas pela gestão de negócios, reitera-se o que já foi mencionado no estatuto do administrador de facto quase legitimado, ou seja, poderão beneficiar do direito ao reembolso das despesas indispensáveis e a uma indemnização pelos prejuízos sofridos pela gestão, conforme dispõe o artigo 468º nº 1 do CC.

Igualmente, nos termos do nº 2 do mesmo artigo, ainda que o administrador não pratique os atos de acordo com a vontade (real ou presumível) da sociedade *(dominus)*, terá direito a ser ressarcido pela diferença positiva entre as vantagens e os prejuízos (enriquecimento sem causa) que a sua atuação promoveu na sociedade.

Além disso, beneficiará, outrossim, do direito de retenção previsto no artigo 755º, alínea d) do CC.

Por seu turno, no que toca à remuneração destes administradores, valerá a regra da gratuitidade[329] prevista no artigo 470º do CC. Quanto à exceção da onerosidade plasmada no preceito, seguimos a adaptação restritiva defendida supra, para o caso de não se provar a "intensidade quantitativa" e a "aquiescência societária", *id est*, só haverá lugar a remuneração: 1) se a gestão corresponder ao exercício de atividade profissional; 2) considerando-se o esforço concretizado pelo administrador; e 3) atendendo aos

[329] Fabrizio Guerrera, entende que a unilateral interferência e o caráter não sinalagmático da ligação existente entre o administrador de facto e a sociedade "faz cair" a possibilidade do primeiro exigir à segunda "uma compensação pela atividade desenvolvida". in ob. cit. p. 207, n. 214. Além disso, diversamente do nosso instituto, a *gestione di affari Italiana* não prevê qualquer direito remuneratório aos gestores (vide artigo 2028º a 2032º do *Codice Civile*)

concretos e notórios benefícios que essa gestão proporcionou à sociedade. Os motivos desta adaptação prendem-se com a atuação "não consentida", já explanados no ponto 3.1.

Na hipótese de inobservância exclusiva da "intensidade quantitativa", a sociedade não merecerá, neste âmbito, uma maior tutela, pois sabe da atuação do administrador não legitimado e se, por essa razão, beneficiar de conhecimentos técnicos/profissionais do administrador, deverá sujeitar-se ao pagamento de uma justa remuneração pelos "serviços" prestados (prescindindo-se, assim, da adaptação restritiva).

Por último, no âmbito da gestão com relevo externo, que advém das relações destes administradores com terceiros, colocam-se, outrossim, questões de vinculação das sociedades. Não obstante, entendemos que este tópico, em conformidade com o explanado no ponto 3.1., merece uma exclusiva abordagem numa subdivisão deste capítulo.

3.2.2. O contrato de mandato

Pinto Furtado[330], Brito Correia[331] e João Labareda admitem a aplicação analógica (embora João Labareda não o diga expressamente, falando antes em integração de *lacuna legis*[332]) do contrato de mandato à relação de administração.

Também é possível escortinar a aplicação deste contrato através dos preceitos normativos do CSC e do CCom. Desde logo, o artigo 2º do CSC manda aplicar aos casos omissos as normas do CC sobre o contrato de sociedade. Ora, os artigos 986º, nº 3 e 987º, nº 1, ambos do CC[333] e atinentes ao contrato de sociedade civil, remetem, expressamente, para as regras do contrato de mandato (artigo 1157º e ss do CC) relativas à revogação, direitos e obrigações do mandatário.

Por seu turno, o artigo 3º do CCom admite a aplicação subsidiária dos preceitos civis quando a própria lei comercial não consegue dar uma resposta através do "seu espírito, nem pelos casos análogos".

330 Pinto Furtado, *Código Comercial Anotado*, Vol. II, Tomo I, Artigos 151º a 178º, Almedina, Coimbra, 1979, p. 315.

331 L. Brito Correia, ob. cit. p. 805.

332 João Labareda, ob. cit, p. 147.

333 Também o artigo 164º do CC remete para os normativos do contrato de mandato no que concerne às obrigações e responsabilidades dos órgãos das pessoas coletivas.

Brito Correia, olha para o CSC como uma lei comercial, onde os dispositivos normativos são regras especiais em relação às gerais previstas no CCom. O Autor compreende a remissão imediata do CSC para o contrato de sociedade previsto no CC. Todavia, se este último, por sua vez, remete para um contrato que está regulado não só no CC, mas também no CCom, deve aplicar-se em primeiro lugar a legislação comercial e só depois, nos casos omissos, a lei civil[334].

Assim sendo, uma vez que o contrato de mandato também está regulado no CCom e, portanto, a própria lei comercial dá uma resposta a esta questão, deverão ser aplicadas, em primeiro lugar, as regras do mandato comercial[335] (artigo 231º e ss. do CCom) e, subsidiariamente, nos casos omissos, as regras do mandato civil[336].

O contrato de mandato comercial vem definido como sendo "aquele em que alguém se obriga a praticar um ou mais atos de comércio por mandado de outrem"[337].

Por sua vez, o contrato de mandato civil aparece definido como aquele "pelo qual uma das partes se obriga a praticar um ou mais atos jurídicos por conta da outra"[338].

Uma das diferenças evidencia-se na própria definição. Enquanto que o mandatário comercial apenas pode realizar atos comerciais, ou seja, atos jurídicos simples, contratos e negócios jurídicos comerciais[339], o mandatário civil pode concretizar qualquer tipo de atos jurídicos em sentido amplo (negócios jurídicos unilaterais e bilaterais e simples atos jurídicos, independentemente da sua natureza)[340].

334 L. Brito Correia, ob. cit. p. 808.

335 Comporta, outrossim, os subtipos: gerente de comércio, auxiliares e caixeiros (artigos 248º a 265º do CCom) – que não emergem, necessariamente, de contratos de mandato – e o mandato sem representação qualificado como contrato de comissão (artigo 266º a 277º do CCom). Com uma exposição sucinta sobre cada uma destas estirpes, Rui Mascarenhas Ataíde, ob. cit. pp. 79 a 81.

336 Defendendo a aplicação do regime do mandato comercial, ainda que especificamente para a "renúncia sem justa causa" de administradores, vide João Labareda, ob. cit. p. 148.

337 Rui Mascarenhas Ataíde, ob. cit., p. 77. Cfr. artigo 231º do CCom.

338 Cfr. Artigo 1157º do CC.

339 Engrácia Antunes, ob. cit. p. 365.

340 Menezes Leitão, *Direito das Obrigações, Vol. III – Contratos em Especial*, 11ª edição, Almedina, Coimbra, 2016, p. 428.

Em ambas tipologias contratuais existe uma "atuação do mandatário por conta do mandante". Quer isto dizer, que os efeitos jurídicos dos atos concretizados pelo mandatário irão repercutir-se na esfera jurídica do mandante[341].

Sendo o contrato de mandato uma modalidade típica do contrato de prestação de serviços, a atuação do mandatário civil ou comercial pautar-se-á por uma certa independência/autonomia relativa[342] em relação ao mandante[343].

Pois bem, existem, com efeito, algumas semelhanças entre os administradores de sociedades com relevo societário/"oficiais" (formal[344] legal[345] e material[346]) e o mandatário comercial/civil[347]. Ambos realizam atos jurídicos *lato sensu*, ambos podem representar uma sociedade perante terceiros[348] e ambos o fazem com autonomia[349] em relação à sociedade/mandante.

Face a tais correspondências, uma parcela dos defensores da tese contratualista reputam a relação de administração como um contrato de mandato[350]. Aliás, nas relações de administração das sociedades civis, é o próprio diploma legal, como já se evidenciou, a remeter para as disposições do contrato de mandato, conforme os artigos 986º, nº 3 e 987º, nº 1 do CC.

Existem, todavia, certos contrastes entre a administração societária "oficial" e o contrato de mandato. Desde logo, a primeira é dotada de representação orgânica, ou seja, a atuação da administração, enquanto órgão, consubstancia a atuação da própria pessoa jurídica societária[351]. O segundo,

341 Rui Mascarenhas Ataíde, ob. cit. p. 18.

342 Ainda que possa sujeitar-se a uma ou outra instrução do mandante, a sua "execução (...) pressupõe um mínimo significativo de ponderação e decisão pessoais e auto-determinação", Ricardo Costa, últ. ob. cit., p. 802.

343 Menezes Leitão, últ. ob. cit. p. 423; Rui Mascarenhas Ataíde, ob. cit., p. 19.

344 Através de designação.

345 *Ope legis.*

346 Que preenche todos os requisitos de legitimação material.

347 Reconhecendo, inclusive, que uma sociedade pode ser representada não só pelos administradores ("órgãos de administração e representação"), mas, também, por mandatários, J. M. Coutinho de Abreu, *Curso de Direito Comercial: Das Sociedades...*, ob. cit. p. 204.

348 De referir, porém, que no contrato de comissão comercial (também inserido no Título V – "Do Mandato" do CCom), o mandatário atua em nome próprio, tal como acontece no mandato sem representação previsto no artigo 1180º e ss. do CC.

349 *Autonomia absoluta* no caso do administrador de sociedade e *relativa* para o mandatário.

350 L. Brito Correia, ob. cit. pp. 375 a 383.

351 Filipa Ribeiro Santos Tomaz, ob. cit. pp. 48 e 49.

por seu turno, consiste numa representação inorgânica, correntemente chamada de representação voluntária[352], ou seja, enquanto que a representação orgânica consiste numa representação de existência necessária, o mandato está associado a uma ideia de voluntariedade[353]. Esta diferença é, inclusive, utilizada pelos críticos para afastar a subsunção da relação de administração no contrato de mandato[354].

* * *

Quanto a esta questão da "representação" esclareça-se, desde já, o seguinte:

Normalmente, associamos o vocábulo à atuação dos sujeitos em nome de outrem perante terceiros. Desse modo, se assim fosse, o mandatário só teria poderes de representação externa. No entanto, ao contrário da procuração que incide sobre a celebração de negócios jurídicos (representação voluntária externa) – cfr. artigos 262º, nº 2, 263º, 266º, nº 1 *in fine*, 268º, nº 1, todos do CC -, o contrato de mandato permite ao mandatário a prática de simples atos com relevo exclusivo no plano das relações internas (representação interna), por exemplo, quando este segue as instruções do mandante no sentido de desenvolver a atividade de gestão interna utilizando o nome deste[355].

* * *

Outra diferença entre estas figuras, funda-se nos poderes atribuídos ao mandatário, pois seja ele mandatário civil ou comercial, o mandante apenas o habilita a praticar "um ou mais atos jurídicos" (artigo 1157º do CC e artigo 231º do CCom), enquanto que o binómio poder-responsabilidade

[352] Existirá apenas no mandato com representação, sendo excluído o mandato sem representação, Carlos Mota Pinto, *Teoria Geral do Direito Civil*, 4ª edição por António Pinto Monteiro e Paulo Mota Pinto (5ª edição da reimpressão), Gestlegal, Coimbra, 2020, p. 547.

[353] Filipa Ribeiro Santos Tomaz, ob. cit. p. 49.

[354] Caso de Raúl Ventura, *Teoria da Relação Jurídica de Trabalho, Vol: 1: Estudo de Direito Privado*, Imprensa Portuguesa, Porto, 1944, p. 299.

[355] Irene Girão, "Mandato de Interesse Comum" in *Comemorações dos 35 anos do Código Civil e dos 25 anos da reforma de 1977. Vol. III. Direito das Obrigações*, Coimbra Editora, Coimbra, 2007, pp. 404 e 405, n. 55.

dos administradores "oficiais" não implica, somente, a prática de "alguns atos jurídicos", mas toda a administração em sentido amplo[356].

No contrato de mandato, o mandante tem sempre a capacidade de realizar, ele próprio, os atos jurídicos. Já a capacidade de exercício das sociedades comerciais está dependente da atuação direta e permanente dos órgãos de administração (incipientemente ligados à sociedade, sendo parte componente dela) ou indireta e pontual dos representantes voluntários (como é o caso dos mandatários)[357].

Por último, a autonomia do administrador "oficial" é diferente da atribuída ao mandatário. No primeiro caso, falamos de uma *autonomia absoluta*, uma vez que este dispõe de um poder soberano, pleno e absoluto de atuação e decisão, com capacidade de delinear os desígnios societários[358]. Por seu turno, o mandatário detém uma *autonomia relativa*.

Nos contratos de prestação de serviços, o prestador atua com uma certa independência e, sendo o contrato de mandato uma das modalidades tipificadas daquele, a atividade desenvolvida pelo mandatário será, necessariamente, dotada de uma relativa independência/autonomia decisória[359]. Porquê *autonomia relativa?* Pois, quer no mandato comercial, quer no mandato civil, o mandatário terá que praticar os atos jurídicos seguindo as instruções do mandante podendo, excecionalmente, afastar-se das mesmas em certas conjeturas (cf. artigo 238º do CCom e artigo 1161º, alínea a) do CC). Note-se, porém, que as instruções dadas pelo mandante não são verdadeiras ordens. Elas visam, tão-só, delimitar os termos do mandato e a atividade jurídico-comercial do mandatário[360], daí falarmos numa *autonomia relativa* ou discricionariedade mitigada[361].

São precisamente essas dissonâncias que impedem uma aplicação direta deste contrato à relação de administração. No entanto, será sempre de

356 Pinto Furtado, ob. cit. pp. 316 e 317.

357 Pinto Furtado, ob. cit. p. 316; J. M. Coutinho de Abreu, *Curso de Direito Comercial: Das Sociedades...*, ob. cit. pp. 203 e 204.

358 Ricardo Costa, últ. ob. cit. p. 782.

359 Menezes Leitão, últ. ob. cit. p. 423; Pedro Romano Martinez, ob. cit. p. 318; Rui Mascarenhas Ataíde, ob. cit. p. 19.

360 Rui Mascarenhas Ataíde, ob. cit. p. 37 a 39.

361 Diversamente, olhando para o mandato como um contrato de subordinação, Menezes Cordeiro, *Tratado de Direito Civil, XII. Contratos em Especial (2ª parte) Parceria Pecuária, Comodato, Mútuo, Prestação de Serviço, Mandato, Depósito, Empreitada, Rendas, Jogo e Aposta e Transação*, Almedina, Coimbra, 2018, p. 488.

admitir a utilidade do contrato de mandato comercial e, subsequentemente, do mandato civil, para a integração de lacunas, por intermédio de aplicações analógicas dos seus preceitos legais, conforme a doutrina citada avançou.

E no que toca à figura do administrador de facto não legitimado puro? Será útil o chamamento dos ditames legais do contrato de mandato? Reivindica-se uma resposta afirmativa, mas com algumas advertências.

Antes de mais, é importante realçar que o instituto da gestão de negócios tem aplicação direta nos seguintes tipos de administrador de facto não legitimado puro: 1) aquele sujeito cuja atuação carece do requisito da "intensidade quantitativa" e da aquiescência societária"; e 2) aquele individuo cuja atuação está desprovida, apenas, da "intensidade quantitativa". Por essa razão, havendo um regime/instituto com aptidão aplicativa direta, será, por certo, prescindível a convocação do contrato de mandato comercial/civil para definir o estatuto destas tipologias por intermédio de uma aplicação indireta/analógica.

Ainda que pela razão invocada não aceitemos a aplicação analógica do regime do contrato de mandato, a conferir um verdadeiro estatuto/regimento para estas duas tipologias, não vislumbramos quaisquer entraves na utilização de um ou outro preceito legal do mandato comercial e civil como resposta a certas lacunas que o instituto da gestão de negócios[362] possa evidenciar enquanto regime aplicativo, atendendo, naturalmente, às incidências de cada caso concreto.

E quanto às demais conjeturas de administração fáctica não legitimada pura? Poderemos utilizar o contrato de mandato como seu regime?

Antes de responder a estas indagações é curial concretizar as restantes variedades desta estirpe que apresentam um denominador comum, a falta de autonomia decisória. Serão, por conseguinte, as seguintes hipóteses: 1) falta de autonomia decisória, da "intensidade quantitativa" e da aquiescência societária; 2) falta de autonomia e da "intensidade quantitativa"; 3) falta de autonomia e da aquiescência; 4) a exclusiva carência de autonomia.

[362] Note-se que existe, inclusive, uma certa confluência entre os direitos/obrigações do gestor/dono de negócio e os direitos/obrigações do mandante/mandatário civil, bem como, em matéria de remuneração. Cfr. artigos 465º, 468º, 470º, 1158º, 1161º e 1167º, todos do CC. Fabrizio Guerrera (ob. cit. p. 176), reconhece, igualmente, uma "clara afinidade funcional" entre as duas figuras.

Tratar-se-ão de situações em que um sujeito (mero terceiro, sócio, trabalhador assalariado, credor, mandatário, gerente de comércio, consultor, administrador, etc.) que, desprovido de capacidade para realizar/delegar atos típicos/positivos de administração, na vertente da "alta direção", influência decisivamente a atuação de outro indivíduo, nesse preciso patamar diretivo, através de instruções que impulsionam e condicionam o seu comportamento ou, até mesmo, através da emissão de verdadeiras imposições/ordens vinculantes que "ceifam" qualquer discricionariedade decisória deste último.

Observe-se, desde já, que o sujeito que influencia/controla, poderá ser qualificado como administrador de facto indireto (legitimado ou não legitimado) e o sujeito influenciado/subordinado, necessariamente, como administrador de facto direto não legitimado simples, isto claro, na condição de não ter adquirido anteriormente a qualidade de administrador de facto jussocietariamente relevante.

Acrescente-se um pormenor. Sendo o influenciador/subordinante um administrador *de iure*, emitindo instruções ou ordens vinculantes ao sujeito influenciado/subordinado, que adquiriria a qualidade de mandatário, procurador (se os poderes atribuídos tiverem caráter de representação meramente externa[363]) ou trabalhador subordinado, tais projeções nunca poderiam incidir sobre a "alta direção". As tarefas com essa "alta patente" fazem parte da gestão indelegável[364] do órgão de administração, pelo que seria ilícita a sua atribuição a um mandatário, procurador ou trabalhador subordinado[365]. Todavia, nada obsta a que os administradores de sociedades, inclusive, de direito, de forma camuflada, secreta e "despidos da veste de administradores formais", emitam instruções ou ordens vinculativas para outros sujeitos que colaboram com a sociedade, impondo-lhes a prática atos de "alta direção".

Prossigamos.

[363] Cfr. artigo 262º do CC.

[364] Curiosamente, Ricarco Costa (in *Os Administradores de Facto*... ob. cit. pp. 894 e 895) entende que estes atos de delegação de poderes não estão no âmago das disposições societárias aplicáveis aos administradores de facto jussocietariamente relevantes que, nessa sequência, não poderiam delegar, tampouco, atos de gestão corrente.

[365] J. M. Coutinho de Abreu, *Governação das Sociedades*..., ob. cit. pp. 43 e 44; ID., *Curso de Direito Comercial: Das Sociedades*... ob. cit. p. 579. Ver também o artigo 407º, nº 3 *a contrario sensu*.

Em conformidade com o já explanado, o exercício de uma atividade no âmbito da "alta direção" a par da falta de investidura formal, constituem o timbre da administração de facto material, pelo que só nessa configuração é que a teremos. Então, isso quererá dizer, inelutavelmente, que um sujeito que pratique atos de administração com "intensidade qualitativa", com autonomia mitigada *(relativa)* ou num cenário de submissão, ainda que possa ser trabalhador ou mandatário da sociedade, estará, com essa atividade, no âmago da administração fáctica não legitimada pura, por falta da autonomia decisional (*absoluta*) e, consequentemente, fora do raio contratual e da procuração.

Como já deciframos na alínea C), do Ponto 2.1.1.2 da presente monografia, a autonomia decisória típica da administração é pautada por uma ideia de soberania e atuação desprovida de qualquer limitação/balizamento imposto por outro sujeito.

Destarte, a atividade desempenhada por um indivíduo, sujeito às instruções de terceiro, ou a laboração de um sujeito que se submete à autoridade e direção de outrem, ficam de fora da administração legitimada pela ausência deste pressuposto. Isto porque, na primeira situação, conforme suprarreferido, a pessoa atua com uma *autonomia limitada/relativa* e, por outro lado, na segunda hipótese existe uma verdadeira antítese da autonomia: a subordinação.

É precisamente na administração de facto não legitimada simples, onde existe uma *autonomia relativa* do sujeito[366], que faz sentido "lançar mão" do regime do mandato.

Ficarão, assim, de fora as conjeturas em que o sujeito pratica ato(s) de administração de "alta direção", mas numa verdadeira condição de subordinação às ordens e ditames do sujeito subordinador.

Uma vez concluídas as preliminares reflexões e reconhecendo a aplicabilidade do regime do contrato de mandato surgem, forçosamente, novas interrogações: Como e em que termos será empregue este regime? Aplicação direta? Aplicação analógica? Mandato comercial? Mandato civil?

Note-se, antes de mais, que será excluída a aplicação de quaisquer preceitos atinentes ao contrato de comissão (artigo 266º e ss. do CCom) e do mandato sem representação (artigo 1180º e ss. do CC). Em ambos os casos,

[366] Onde cai o requisito da autonomia decisional conjuntamente, ou não, com a tolerância societária e/ou "intensidade quantitativa".

o mandatário, embora atue por conta do mandante, fá-lo sem *contemplatio domini*, ou seja, em nome próprio[367]. Nestas configurações, o mandatário adquire os direitos emergentes da sua atuação ficando, depois, incumbido de os retransmitir para o mandante[368]. Distanciam-se, consequentemente, da administração de sociedades comerciais. Nesta, os administradores (de direito ou de facto) atuam sempre em nome da sociedade. São a *longa manus* da vontade social, pois, para que uma sociedade fique adstrita aos seus atos, os administradores terão que, necessariamente, fazer referência (expressa ou tácita, através de comportamentos contundentes a revelar essa qualidade) à mesma que, assim, por intermédio deles, atua[369]. Assim será na administração (enquanto atividade) em sentido amplo, embora seja mais ostensiva/evidente na sua vertente da representação externa.

Quanto ao *modus* aplicativo, será de declinar, patentemente, uma aplicação direta do mandato. Desde logo, se anuíssemos nessa posição, tínhamos que olhar para o sujeito influenciador como mandante e o influenciado como mandatário e, por essa razão, deixaríamos de estar no núcleo da administração societária (seria a aplicação direta do contrato de mandato a reger a atuação do mandatário). É certo que um mandatário pode, através da prática de certos atos de administração com "intensidade qualitativa", adquirir a qualidade de administrador de facto. Todavia, face a essa prática, não lhe será imputável diretamente a responsabilidade típica do contrato de mandato, mas sim o estatuto que a natureza legitimada ou não legitimada da atuação lhe firmar (por ter extrapolado os poderes que o contrato de mandato lhe conferiu)[370], e que pode ainda assim significar a aplicação de certas disposições do contrato de mandato, mas por interpretação analógica.

Além disso, o sujeito que emite as instruções não será um verdadeiro mandante, pois quem não tem capacidade para realizar pessoalmente os atos[371] (no nosso caso, atos de administração de "alta direção") também

[367] M. Januário Costa Gomes, "Contrato de Mandato Comercial. Questões de Tipologia e Regime", in *Operações Comerciais*, FDL, Almedina, Coimbra, 1988, pp. 484 e 485.

[368] Menezes Leitão, últ. ob. cit. pp. 449, 460 e 461.

[369] J. M. Coutinho de Abreu, *Curso de Direito Comercial: Das Sociedades*... ob. cit. p. 552.

[370] Estas decifrações resultam das explicações de Ricardo Costa, últ. ob. cit. pp. 794, n. 1735, 977 e 978.

[371] No contrato de mandato o assunto ou o negócio alvo da gestão pertence ao mandante. Assim, Irene Girão, ob. cit. p. 369.

não os poderá concretizar por intermédio de mandatário. É certo que surge um contra-argumento no que toca aos administradores de direito que têm capacidade para realizar atos de "alta direção". No entanto, como já referimos acima, estes atos não podem ser delegados. Por essa razão, esses administradores "delegariam" essas funções despidos da sua "veste formal" e, por consequência, desprovidos da sua capacidade orgânica para executar esses atos de administração.

A este argumento acresce o facto de os atos do administrador de facto não legitimado simples não retumbarem na esfera jurídica do sujeito influenciador (ao contrário do que ocorre no contrato de mandato onde o mandante é "o destinatário final dos efeitos dos atos celebrados pelo mandatário"[372]), mas sim na esfera da sociedade (terceira face a esse encadeamento relacional).

Já vimos anteriormente (ponto 3.1), que entre o administrador de facto não legitimado e a sociedade não existe uma relação de administração (falamos, antes, em *atuação na administração*) e, por maioria de razão, não haverá lugar a qualquer relação contratual. Ora, no quadro das presentes categorias de administração não se afigura interpretação distinta, sem embargo de se aditar, aqui, uma nova indagação. No âmago destas tipologias, existirá uma tripartida conexão entre a sociedade, o sujeito influenciador e o a pessoa influenciada, sendo este último agente o relevante para os presentes efeitos. Se não existem dúvidas que a conexão entre a sociedade e cada um destes sujeitos não tem cariz contratual, essas dubiedades colocam-se na ligação entre o influenciador e o influenciado. Ainda assim, somos da opinião que não existirá, aqui, um contrato de mandato, pois, enquanto que neste último há um verdadeiro dever de seguir as instruções do mandante (artigo 1161º, alínea a) do CC e artigo 238º do CCom) que advém do próprio contrato, na ligação entre o sujeito que procura influenciar e o agente alvo da pretensa influência não existirá um prévio contrato que implicará o respeito dessas instruções. Neste seguimento, se este último não seguir as instruções, realizando os atos de administração de acordo com o seu arbítrio ou nada fazendo, não estará a violar qualquer dever de seguir instruções. No primeiro caso de atuação arbitrária, poderá ser qualificado como administrador de facto legitimado ou não legitimado, mas

[372] Menezes Leitão, últ. ob. cit. p. 429. Reduzindo esses efeitos a "consequências patrimoniais" na esfera do mandante, M. Januário Costa Gomes, últ. ob. cit. p. 499.

fora do âmbito das categorias elencadas neste ponto. No segundo, nem será administrador de facto.

Se, por sua vez, o sujeito segue as instruções, será essa sujeição a dar abertura aplicativa de algumas das disposições do contrato de mandato, todavia sem florescer uma relação contratual, pois a partir do momento em que o influenciado deixa de atuar ou atua dentro da sua discricionariedade, não poderá ser sancionado por violação do citado dever.

Pelo exposto, todos estes motivos patrocinam a inviabilidade de uma aplicação direta do regime do contrato de mandato.

Não obstante, existem, nestes grupos de administradores de facto não legitimados, aspetos comuns ao contrato de mandato, mais concretamente, sobre a posição do mandatário. Na linha do que já foi mencionado, para efeitos dos administradores de sociedades "oficiais", quer estas categorias de administrador de facto não legitimado simples, quer o mandatário executam atos jurídicos em sentido amplo e ambos podem exercer poderes de representação (sendo este, aliás, visto como o "elemento típico do mandato"[373]). Mas a componente diferencial a amparar a aplicação do regime em análise é a *autonomia decisória mitigada*, pois, quer um, quer outro submetem-se a instruções de outrem. No caso do mandatário, essa sujeição resulta de um dever contratual, enquanto que no administrador de facto em foco essa sujeição surge como um pressuposto medular de aplicação analógica de algumas disposições desse regime.

São estas similitudes entre o caso-tema e o caso-foro que permitem, do nosso ponto de vista, a extensão analógica de alguns preceitos normativos do contrato de mandato.

Aqui chegados, cumpre-nos repescar os ensinamentos de Brito Correia e, tendo-os por base, aplicar *in primis* os elementos normativos do contrato de mandato comercial e, subsidiariamente, os preceitos do contrato de mandato civil (excluídos, desde logo, os atinentes ao mandato sem representação)[374].

Para o efeito, iremos centrar as nossas atenções nos deveres e responsabilidades (obrigacionais decorrentes da violação desses deveres e aquiliana pelos concretos prejuízos causados), bem como nos direitos que poderão despontar da atuação destes administradores.

[373] M. Januário Costa Gomes, últ. ob. cit. pp. 484 e 485.
[374] L. Brito Correia, ob. cit. p. 808.

No que toca aos deveres, podemos elencar os seguintes: a) o dever de custódia (artigo 235º a 237º do CCom); b) dever de informação (artigos 239º e 240º CCom)[375]; c) dever de prestação de contas e de pagamento de juros (artigo 241º do CCom); d) dever de entregar tudo o que recebeu para a execução do(s) ato(s) de administração (artigo 1161º alínea e) do CC)[376]. Ficará de fora, obviamente, o dever de seguir as instruções (artigo 238º do CCom e artigo 1161º, alínea a) do CC) que servirá, conforme já explanado, como elemento fulcral para a aplicação analógica, ou seja, a atuação do administrador, nestes perfis, será sempre ao abrigo de instruções doutrem. Repare-se que este seguirá, tão-só, as instruções do agente influenciador, mantendo, ainda assim, uma limitada margem de discricionariedade na execução dos atos.

Patenteia-se, desde já, que no cumprimento das suas tarefas e no cerne da citada discricionariedade que mantém, o administrador em análise deverá empregar a diligência civilística, ou seja, a bitola do bom pai de família (artigo 487º nº 2 do CC). Embora seja possível retirar do espírito normativo comercial uma diligência mais exigente (atuação de acordo com os "usos do comércio"[377]), a equidade jurídica seria desconsiderada se tivéssemos um sujeito influenciador (com a possibilidade de ser qualificado como administrador de facto não legitimado puro e ao qual se aplica

[375] Note-se que estes preceitos colocam em evidência ideias de "revogação de mandato" e "ratificação de negócios". Quanto ao primeiro quesito, veremos, de seguida, que as disposições atinentes à revogação e caducidade do mandato não terão relevo aplicativo. O segundo, no que lhe concerne, está conexo à matéria de vinculação pelos atos dos administradores que, como veremos, terá um capítulo unitário para todas as tipologias da administração de facto não legitimada, sendo nele referenciada a utilidade do artigo 240º do CCom.

[376] Para o efeito da verificação destes deveres, não será supérflua, a utilização subsidiária dos preceitos civilísticos para o esclarecimento de certas dúvidas, quais sendo: artigos 1161º alíneas b), c), d) e e); e 1164º do CC. Face aos limites textuais da presente dissertação não poderemos discorrer de forma aprofundada sobre cada um destes deveres. Assim, para um melhor entendimento destes, remetemos para: M. Januário da Costa Gomes, *Contrato de Mandato*, AAFDL Editora, Lisboa, 1990, pp. 83 e ss.; Menezes Leitão, últ. ob. cit. pp. 442 e ss; A. Menezes Cordeiro, *Tratado de Direito Civil, XII...*, ob. cit. pp. 578 e ss; Rui Mascarenhas Ataíde, ob. cit. pp. 40 a 42.

[377] No regime do contrato de mandato comercial, o legislador não fez qualquer referência expressa ao critério utilizado para aferir o grau de culpa do mandatário inadimplente. A doutrina, no mandato civil, segue o padrão do *bonus pater familias* (Menezes Leitão, últ. ob. cit. pp. 441 e 442; Menezes Cordeiro, últ. ob. cit. p. 572). No entanto, parece evidente que o espírito da lei comercial (principalmente atendendo ao disposto no artigo 238º da mesma) obriga a que o mandatário tenha uma diligência de acordo com os "usos do comércio".

a diligência do *bonus pater familias*) sujeito a uma diligência menos exigente que a aplicável ao agente influenciado.

Visto que, tanto o influenciador como o influenciado adquirem a respetiva posição de administradores de facto (exceção do influenciador que já é administrador de direito), ambos assumem uma condição com responsabilidades para com a sociedade.

Nesse seguimento, o administrador de facto não legitimado simples influenciado poderá exonerar-se de responsabilidades se materializar os deveres acima elencados perante a sociedade[378]. Da mesma forma, será responsável para com esta, e não só perante o administrador de facto influenciador, pela violação dos mesmos.

Se desta atuação resultarem danos para a sociedade, esta poderá acionar a responsabilidade do sujeito influenciador e influenciado, atendendo às obrigações que cada um terá no âmbito do seu perfil (institutos, contratos e preceitos normativos que norteiam os seus comportamentos individualmente considerados), ou seja, o *quantum* de responsabilidade do primeiro poderá ser aferido com base nos preceitos normativos que lhe serão aplicáveis (responsabilidade societária direta, se for administrador "oficial"[379]; responsabilidade societária por aplicação analógica, se for administrador de facto quase legitimado; gestão de negócios e respetiva responsabilidade civil se for administrador de facto não legitimado puro, em algumas das suas vertentes), e o mesmo sucederá com o segundo (com a aplicação analógica de alguns preceitos do mandato e da correspondente responsabilidade civil).

Assim, entendemos que, nesta configuração tripartida, será solidária a responsabilidade destes administradores para com a sociedade, por força do artigo 100º do CCom ("a reboque" da aplicação analógica dos citados preceitos do mandato comercial).

Além disso, ainda que se possa rejeitar a aplicação deste preceito a esta conexão, não será impertinente trazer à colação o artigo 497º do CC que estabelece, inclusive, no seu nº 2, o direito de regresso entre os responsáveis.

[378] Também não será de excluir a exoneração se os efetivar dirigindo-se ao sujeito influenciador.

[379] Para além da responsabilidade pelos danos que o ato praticado poderá gerar, este administrador deverá ser, igualmente, responsabilizado por violação dos seus deveres legais de lealdade e de cuidado ao incumbir outrem da realização de atos de administração que são da exclusiva competência do órgão de administração que integra.

Na primeira hipótese, o artigo 100º do CCom não reconhece qualquer direito de regresso ao sujeito que se responsabilizou para além da medida da sua culpa. Ora, tal quadro contribuiria, sem dúvidas, para demover qualquer um dos administradores direto ou indireto da assunção voluntária das responsabilidades perante a sociedade, pois não teria, depois, forma de acionar, pela via do direito de regresso, o outro interveniente para o pagamento da sua parcela indemnizatória. Ao mesmo tempo, esta configuração fomentaria o uso de subterfúgios dilatórios e dolosos (porventura, em conluio com a própria sociedade) para que fosse o outro administrador a arcar com toda a responsabilidade. Posto isto, esta conjetura não se coaduna com os desígnios de um direito justo, equilibrado e distributivo. Por essa razão, sendo concebível a aplicação do citado artigo 100º sufragamos a possibilidade do exercício do direito de regresso pela observância do disposto no artigo 497º, nº 2 *ex vi* artigo 3º do CCom.

Relativamente aos direitos destes administradores podemos destrinçar os seguintes: a) direito de receber, por parte do sujeito influenciador, os meios necessários para realizar os atos de administração (primeiro parágrafo do artigo 243º do CCom[380])[381], que se poderão resumir na facultação de informações (verbais e documentais) fundamentais para serem seguidas as instruções; b) ser reembolsado pelas despesas indispensáveis (artigo 1167º, alínea c) do CC)[382]; c) ser indemnizado pelos prejuízos sofridos na execução dos atos (artigo 1167º, alínea d) do CC); d) direito a remuneração (artigo 232º parte inicial e §1º); e) direito de retenção (artigo 755º, alínea c) do CC)[383]. No que toca aos direitos previstos em b) e c), defendemos que os

[380] Uma vez que não estamos sob a alçada de um verdadeiro contrato de mandato e porque o sujeito influenciado teria sempre a opção de não seguir as instruções, não será congruente a imposição prévia de fundos e provisões, sendo este um elemento intrinsecamente conexo ao contrato propriamente dito. Por essa razão, não se justificará a aplicação ao nosso caso-tema dos parágrafos §1º, §2º e §3º do preceito. Sem embargo do administrador influenciado poder computar despesas a serem, posteriormente, reembolsadas.

[381] Ver, também, artigo 1167º, alíneas a) e b) do CC.

[382] Note-se que artigo 247º do CCom prevê um privilégio mobiliário especial em relação aos adiantamentos e despesas do mandatário. Todavia, este preceito foi revogado por força do artigo 8º do Decreto-Lei nº 47344, de 25 de novembro de 1966 que determina o não reconhecimento "dos privilégios que não sejam concedidos no novo Código Civil, mesmo quando conferidos em legislação especial". Neste sentido, M. Januário Costa Gomes, "Contrato de Mandato Comercial...", ob. cit. p. 525.

[383] Embora este preceito faça menção exclusiva à retenção dos meios necessários entregues para a realização do mandato, seguimos a aparente interpretação extensiva feita por Menezes

mesmos poderão ser satisfeitos quer pelo sujeito influenciador, quer pela sociedade, porque o primeiro que instrui tem interesse nessa atuação e a segunda poderá retirar benefícios dela.

Quanto ao quesito da remuneração, a doutrina, na aplicação do mandato comercial, é unânime na onerosidade do mesmo[384] que, destarte, se aplicará, igualmente, nestas categorias de administrador.

Uma vez que os "serviços" são solicitados pelo sujeito influenciador, ficará a cargo deste a obrigação de pagar uma justa remuneração (pelo menos, em consonância com os "usos da praça") ao influenciado.

À exceção dos administradores de direito e de facto legitimados que têm a obrigação de realizar, eles próprios, os atos de administração e que recebem uma remuneração por essa atividade típica[385] (tornando injustificável a sua delegação), todos os demais sujeitos influenciadores (qualificáveis como administradores de facto quase legitimados ou não legitimados puros diretos) poderão, depois, e mediante o preenchimento dos respetivos pressupostos (artigo 468º do CC), pedir o reembolso à sociedade pelas despesas suportadas com a remuneração do administrador de facto não legitimado simples influenciado.

Por fim, as disposições alusivas à revogação, caducidade e renúncia do mandato não serão justapostas a este *status*. Efetivamente, não existe, pelas razões já expostas, um verdadeiro contrato de mandato e, diante disso, não será possível revogar, caducar ou renunciar a uma relação contratual inexistente.

Para efeitos de vinculação societária, reitera-se a remissão para a última divisão da dissertação.

CORDEIRO ao entender que o mandatário goza também de um direito de retenção sobre "as coisas recebidas de terceiros". Além disso, defende que esse direito incide sobre os seguintes créditos; a) meios necessários; b) reembolso das despesas; c) indemnização pelos prejuízos; e d) remuneração. In *Tratado de Direito Civil, XII...*, ob. cit. pp. 645 e 646.

384 Não se trata de uma mera presunção, mas sim de um elemento intrínseco ao contrato. Neste sentido, M. JANUÁRIO COSTA GOMES, últ. ob. cit. p. 501; MENEZES LEITÃO, últ. ob. cit. p. 458; RUI MASCARENHAS ATAÍDE, ob. cit. p. 77.

385 O direito à remuneração fixado nos artigos 192º, nº 5; 255º; 399º e 429º é aplicável, também, aos administradores de facto legitimados. Com tal entendimento, RICARDO COSTA, últ. ob. cit. p. 900.

3.2.3. Relação de comissão e comissão de serviço

Antes de mais, é fundamental esclarecer que a noção da relação de comissão é distinta da dada pelo legislador comercial, no artigo 266º do CCom. Aliás, ao contrário da comissão comercial, que é um verdadeiro contrato comercial/mandato sem representação, a comissão, aqui tratada, não se depreende, necessariamente, de uma relação contratual[386].

A relação de comissão brota do disposto no artigo 500º do CC e Pessoa Jorge começou por defini-la como a "realização de atos de caráter material ou jurídico, que se integram numa tarefa ou função confiada a pessoas diferentes do interessado"[387]. Antunes Varela define-a como "serviço ou atividade realizada por conta e sob a direção de outrem, podendo essa atividade traduzir-se num ato isolado ou numa função duradoura, ter caráter gratuito ou oneroso, manual ou intelectual"[388]. Raul Guichard apresenta uma definição similar, ao referir que a comissão será, grosso modo, um "serviço, tarefa ou função de qualquer natureza realizada no interesse e por conta de outrem" e que tratar-se-á, assim, "de uma atividade material ou jurídica, manual ou intelectual, gratuita ou onerosa, de facto ou de direito, de espécie superior ou inferior, transitória ou permanente"[389] Por seu turno, Cunha Nunes de Carvalho resume-a como "atos ou atividade realizados por conta e sob a direção de outrem"[390]. Também, Menezes Leitão, numa linha definitória com aproximações aos citados autores, entende que a relação de comissão advém de uma "tarefa ou função realizada no interesse e por conta de outrem, podendo abranger uma atividade duradoura como atos de caráter isolado e tanto atos materiais como jurídicos"[391].

386 Neste sentido, Cunha Nunes de Carvalho, "A responsabilidade do comitente" in *ROA*, Ano 48, Vol. I, 1988, p. 90; Nuno Morais, "A Responsabilidade Objetiva do Comitente por Facto do Comissário, a Análise do Artigo 500º do Código Civil – seus Pressupostos e Regime", *JULGAR*, Nº 6, Coimbra Editora, Coimbra, 2008, p. 52; M. J. de Almeida Costa, ob. cit. p. 617.

387 Pessoa Jorge, "Ensaio sobre os pressupostos da responsabilidade civil", in Cadernos de Ciência e Técnica Fiscal, 80, Lisboa: Centro de Estudos Fiscais da Direção-Geral das Contribuições e Impostos, Lisboa, 1968, p. 148, *apud* Antunes Varela, ob. cit. p. 640 n. 2.

388 Definição de Antunes Varela, ob. cit. p. 640.

389 Raul Guichard, "Anotações sobre a Responsabilidade do Comitente e a Responsabilidade pelo Risco no Código Civil Português" in *RCEJ*, nº 10, Instituto Superior de Contabilidade e Administração do Porto, Porto, 2007, p. 48.

390 Cunha Nunes de Carvalho, ob. cit. p. 90.

391 Menezes Leitão, *Direito das Obrigações, Vol. I...*, ob. cit. p. 367.

Existem, ainda assim, algumas divergências doutrinais quanto aos pressupostos basilares da relação de comissão. Parte da doutrina defende que esta terá como pressupostos uma relação de subordinação entre o comitente e comissário e, também, a liberdade de escolha deste pelo primeiro[392]. Parece, não obstante, que a posição dominante, embora adite um ou outro elemento que considera decisivo[393], apresenta, em comum, a ideia de obrigatoriedade do pressuposto do "vínculo de autoridade e subordinação"[394], sem o qual não haverá relação de comissão[395].

Ora, é precisamente essa subordinação em sentido amplo (que poderá advir de uma dependência funcional do comissário de cariz económico, social ou pessoal[396]), "que não coincide necessariamente com qualquer tipo de subordinação jurídica"[397] (que existe, por exemplo, no contrato de trabalho[398]) e que não subentende uma relação contratual, a conferir, juntamente com os elementos definitórios da figura, relevo aplicativo para efeitos da administração de facto não legitimada pura aqui em causa.

Relembremos o leitor que no precedente ponto (3.2.2) deixamos de fora do seu âmbito de aplicabilidade os sujeitos que praticam atos de administração de "alta direção" sob o jugo de um sujeito subordinador que emite verdadeiras ordens/imposições.

Destarte, ficarão albergadas por este regimento aplicativo as categorias citadas no referido tópico[399], onde a falta de (*absoluta*) autonomia decisória será, outrossim, o elemento universal.

[392] Referindo isso mesmo, embora apresentando algumas reservas em relação a este último pressuposto, ANTUNES VARELA, ob. cit. p. 641.

[393] Por exemplo, a atuação no interesse do comitente. NUNO MORAIS, ob. cit. p. 52.

[394] Neste sentido, M. J. DE ALMEIDA COSTA, ob. cit. p. 616. Ver, outrossim, RAUL GUICHARD, ob. cit. p. 48; NUNO MORAIS, ob. cit. p. 52; e ANTUNES VARELA, ob. cit. p. 640.

[395] Com posição distinta, não vislumbrando a necessidade de subordinação na relação de comissão, MENEZES LEITÃO, últ. ob. cit. pp. 367 e 368.

[396] *V.g.* temor reverencial de trabalhador que, para não ver prejudicada a vigência do seu contrato de trabalho, aceita, por conta, no interesse e sob a autoridade da sua entidade patronal, realizar atos de administração de "alta direção" em nome de (terceira) sociedade.

[397] NUNO MORAIS, ob. cit. p. 52.

[398] Sobre a subordinação jurídica típica do contrato de trabalho, ver LEAL AMADO, *Contrato de Trabalho: Noções Básicas*, 3ª edição, Almedina, Coimbra, 2019, pp. 51 e 52.

[399] Interessa avocá-las uma vez mais: 1) falta de autonomia decisória, da "intensidade quantitativa" e da aquiescência societária; 2) falta de autonomia e da "intensidade quantitativa"; 3) falta de autonomia e da aquiescência; 4) a exclusiva carência de autonomia.

Serão, portanto, aquelas situações, já enunciadas[400], onde um sujeito (terceiro, sócio, trabalhador, gerente de comércio, consultor, mandatário, credor, etc.) "delega", sem ter capacidade para o efeito, atos de administração de "alta direção" e fá-lo através da emissão de verdadeiras ordens vinculantes que reprimem a capacidade discricionária do sujeito subordinado.

E será esta conexão tripla entre 1) sujeito subordinante, 2) agente subordinado (administrador de facto não legitimado puro) que realiza atos de administração em nome da 3) sociedade (potencialmente, terceira lesada por essa atuação), a contribuir para a ligação desta conjetura à relação de comissão. O primeiro seria o comitente, o segundo o comissário, sendo a terceira, a pessoa lesada pelos atos do comissário.

Efetivamente, o administrador de facto não legitimado puro subordinado, tal como o comissário, atua por conta[401], no interesse e sob a direção doutrem.

Senão vejamos.

Se A ordena que B realize, em nome da sociedade C, atos de administração com "intensidade qualitativa", B estará a atuar por conta (a sua atuação produzirá efeitos na "esfera jurídica" de A, sejam eles vantajosos ou não), no interesse/benefício (ainda que seja qualificável como um mero interesse filantrópico[402]) e sob a autoridade do primeiro. Além disso, B estará a operar, igualmente, por conta, em nome e no interesse da sociedade C, enquanto administrador de facto não legitimado puro subordinado (e direto).

Pois bem, estas conjeturas permitem-nos concluir que existe, realmente, uma relação de comissão entre A e B a justificar a aplicação direta do disposto no artigo 500º do CC.

No entanto, o facto do administrador realizar o(s) ato(s) de administração, outrossim, por conta, em nome e no interesse da sociedade C, atuando, deste modo, por conta e no interesse de duas pessoas distintas, poderia criar entraves argumentativos nessa subsunção.

Porém, o conveniente uso da metodologia jurídica serviria, ainda assim, para refutar esses "embaraços" de aplicação. Com efeito, se identificarmos o fundamento teleológico-normativo, ou seja, a *ratio legis*, do artigo 500º do

[400] Deverão ser relevadas para o presente tópico as considerações feitas na pregressa subdivisão entre terceiro parágrafo da página 86 e o primeiro (inclusive) da página 87.

[401] Excluído como elemento decisivo da relação de comissão por NUNO MORAIS, ob. cit. p. 55.

[402] RAUL GUICHARD, ob. cit. p. 49.

CC facilmente conseguiremos "encaixar" estas hipóteses no seu âmbito através da correspondente extensão teleológica[403].

De facto, os objetivos principais (*ratio* normativa) do mencionado preceito legal serão: a) garantir a solvabilidade dos responsáveis perante o lesado (aqui sociedade, pois serão responsáveis pelos danos o sujeito subordinado e o subordinante); e b) distribuir de forma equitativa os danos provocados[404] (no nosso caso, na sociedade). Objetivos esses que permitem a referida extensão.

Uma vez anuído o emprego do referido preceito, estamos aptos a delimitar o perfil da responsabilidade das várias categorias de administrador de facto não legitimado subordinado.

O regime é, sensivelmente, o seguinte: se existe apenas culpa (por danos) do administrador subordinado/comissário, o administrador subordinante/comitente que indemnize a sociedade terá direito de exigir do primeiro tudo o que pagou; existindo apenas culpa do subordinante ficará a seu cargo o ressarcimento de todos os danos sofridos com a gestão; por último, havendo culpa de ambos, responderão solidariamente atendendo, depois, à medida de cada uma delas[405], para efeitos de eventual direito de regresso.

Os administradores subordinados serão subjetivamente responsáveis quer diretamente perante a sociedade[406], quer através do direito de regresso que o sujeito subordinante (que pode ser administrador de *iure* "despido da sua veste formal", administrador de facto legitimado ou administrador de facto não legitimado), detém, no caso de ser ele a liquidar previamente os danos sofridos pela sociedade (por culpa exclusiva ou concorrente do subordinado), nos termos do artigo 500º, nº 3 do CC.

Por força da aplicação do artigo 500º presente na subsecção da responsabilidade pelo risco do mencionado diploma, a culpa do administrador

[403] Consiste no alargamento do "campo de aplicação de uma norma, definido pelo texto, com fundamento na sua imanente teleologia, a casos que por aquele texto não estariam literalmente abrangidos", Miguel Nogueira Brito, ob. cit. pp. 287 e 288. Também sobre a extensão teleológica, mas num panorama mais jurídico-filosófico, Castanheira Neves, ob. cit. pp. 186 a 188.

[404] Raul Guichard, ob. cit. pp. 47 e 61.

[405] M. J. de Almeida Costa, ob. cit. p. 620.

[406] A sociedade lesada poderá acionar tanto o sujeito subordinador/comitente como o subordinado/comissário. Nesse sentido, embora sem especificar a qualidade societária do lesado, Raul Guichard, ob. cit. p. 46 e Antunes Varela, ob. cit. p. 639, n. 4.

subordinado terá que ser aferida com base na diligência do *bonus pater familias*, por aplicação do artigo 487º, nº 2 *ex vi* artigo 499º ambos do CC.

No "cálculo" da culpa, será preciso, outrossim, conferir o seu grau em relação ao administrador subordinante. Antunes Varela entende que a culpa do comitente (aqui administrador subordinante) poderá fixar-se na: *culpa in eligendo, culpa in instruendo, culpa in vigilando*, na culpa com base nos instrumentos que facultou ao comissário e pela ocultação da ilicitude do ato[407] (culpa dolosa por essa ocultação). Sem embargo deste sujeito, como administrador ("Oficial") que é, ficar ainda sujeito a uma culpa reforçada pela inobservância da diligência especial imposta pelo seu próprio estatuto[408].

Este sujeito será objetivamente responsável pelos atos culposos do administrador subordinado (com direito de regresso pleno, no caso de ser ele a ressarcir a sociedade). havendo, por sua vez, responsabilidade subjetiva e solidária de ambos no caso de "concorrência de culpa"[409] do primeiro com a do segundo (artigo 497º, nº 2 *ex vi* artigo 500º, nº 3, ambos do CC). Será, para o efeito, curial cotejar a medida da culpa de cada um dos intervenientes (administradores subordinante e subordinado), para o cômputo do respetivo montante indemnizatório e, consequentemente, para o exercício do direito de regresso por quem ressarcir integralmente a sociedade.

Uma vez definido o regime da responsabilidade do administrador de facto não legitimado puro subordinado seguem-se algumas considerações acerca dos deveres e direitos associados à assunção de tal posição.

No que toca aos deveres, cremos que o único que pode ser atribuído a estes administradores subordinados para com a sociedade será o de obstar à prática de atos que possam prejudicá-la. Se o administrador subordinante emite ordens que o administrador subordinado sabe que prejudicarão a sociedade (atendendo à diligência de um homem médio), este último gozará sempre de um direito de escolha: segui-las[410] ou não. Se o fizer, será qualificado como administrador e terá que acarretar com a sua parcela de responsabilidade pelos eventuais danos. Se não as acatar, não será

[407] Antunes Varela, últ. ob. cit. p. 639, n. 3. Também com similar orientação, Nuno Morais, ob. cit. p. 43.

[408] Para este caso, ver as considerações feitas na nossa nota 379 que implicam uma culpa/responsabilidade acrescida a esses administradores.

[409] Expressão de Menezes Leitão, últ. ob. cit. p. 371.

[410] Por vezes, o temor reverencial coarta decisivamente a sua liberdade de escolha. Note-se que este temor não é qualificável como coação moral (com potenciais efeitos de anulabilidade). Ver artigos 255º, nº 3 e 256º do CC.

administrador e, nesse seguimento, não existirá *atuação gestória* a merecer tutela jurídica.

Além disso, uma vez que o sujeito subordinado está subjugado ao controlo diretivo do agente subordinador, sendo uma espécie de *longa manus*[411], cremos que caberá a este agente o exercício exclusivo de todos os deveres gestórios[412] (de informação, prestação de contas, de entrega de bens, etc.) atendendo à sua posição de administrador dominante que controla a *atuação na administração* da sociedade.

Não será de excluir, ainda assim, que seja o próprio sujeito subordinado a cumprir esses deveres gestórios impelidos ao administrador subordinador, no entanto, se não o fizer, não poderá ser penalizado por isso, ao contrário do que acontecerá com este último administrador.

E se, culposamente, o administrador subordinado realizar de forma defeituosa esses deveres (*v.g.* prestar informações e contas falsas, ou reter bens que tenha recebido de terceiro fruto da sua intervenção em nome da sociedade[413])? Nesta situação, cremos que o administrador controlador das duas uma: ou retifica esse quadro defeituoso; ou será objetivamente responsável por eles, embora usufruindo do já citado direito de regresso.

E no que toca aos direitos do administrador subordinado? De facto, uma vez que as suas obrigações se cingem aos danos provocados na sociedade, os seus direitos serão, necessariamente, limitados, outrossim, pela sua atuação. E é por essa atuação que o administrador terá direito a uma justa remuneração e compensação pelas despesas efetuadas.

Aliás, se o administrador influenciado recebe uma justa remuneração pelos atos praticados, por maioria de razão, e porque está num quadro de

[411] Parece ter posição distinta, entendendo que o comissário não pode ser um mero *longa manus* do comitente, pois, se assim fosse, a responsabilidade deste último seria sempre subjetiva e não objetiva, Nuno Morais, ob. cit. p. 47. Ora, ainda que um sujeito seja um mero executor das ordens de outro, cremos, diversamente, que poderá haver, ainda assim, responsabilidade objetiva de quem emite as ordens. De facto, os atos ordenados podem, por si só, promover vantagens a terceiro (sociedade), no entanto, um *modus* de execução (no âmago da atuação do comissário) displicente e desatento poderá, diversamente, provocar prejuízos, mas sem brotar, no nosso entender, uma responsabilidade subjetiva em quem deu as ordens. Essa responsabilidade ficará, do nosso ponto de vista, na atuação do comissário, inexistindo, portanto, responsabilidade subjetiva do comitente, mas, tão-só, responsabilidade objetiva.

[412] No caso do administrador legitimado (formal, legal ou materialmente), além desses deveres, estará sujeito às inerentes responsabilidades por delegar a "alta direção".

[413] A sociedade poderá fazer valer os seus direitos de propriedade sobre esses bens através de uma ação de reivindicação, nos termos do artigo 1311º do CC.

subordinação (não jurídica), deverá o administrador de facto não legitimado puro e subordinado receber uma equitativa remuneração a par da compensação pelas despesas efetuadas.

Existe, com efeito, uma certa correlação entre este administrador subordinado e o trabalhador em comissão de serviço[414] "externa"[415], pois ambos prestam trabalho[416], ambos estão inseridos numa relação de subordinação e ambos exercem atos associados a "cargos de administração"[417]. No entanto, o primeiro não é trabalhador, visto que a sua relação, ao contrário do segundo, não tem cariz contratual nem emerge de uma subordinação jurídica, mas sim de uma subordinação *lato sensu* (pessoal, social ou económica).

O desrespeito da subordinação jurídica (ordens e instruções) pelo trabalhador poderá ter repercussões disciplinares e no cerne das responsabilidades contratuais[418], enquanto que a insubordinação do administrador terá, eventualmente, e tão-só, sequelas na relação deste com o pretenso subordinante a nível pessoal, social ou económico.

São as semelhanças entre estes dois sujeitos subordinados que nos permitem a apologia da admissão de um direito a remuneração pelas "prestações" do administrador de facto em análise. Para esse desígnio deverá ser admitida a aplicação analógica do artigo 258º, nº 1 do CT sobreposto aos contratos de trabalho, inclusive, o de comissão de serviço.

Adaptado o preceito à nossa figura, defendemos que o administrador subordinado terá, nesse seguimento, um direito à retribuição pelo seu esforço e trabalho que deverá ser quantificado em conformidade os "usos"[419].

Além disso, todas as despesas inerentes à sua prestação serão liquidadas separadamente da retribuição (cfr. artigo 260º, nº 1, alínea a) do CT).

414 Exercício provisório/transitório de certas funções (normalmente de direção/administração) que pressupõem uma relação de confiança interpessoal entre trabalhador e empregador. Neste sentido, LEAL AMADO, ob. cit. p. 126 e JOANA MADALENO DE ASSUNÇÃO DUARTE, *A comissão de serviço nos cargos de administração e a problemática da cessação*, Dissertação de Mestrado, Faculdade de Direito da Universidade de Lisboa, Lisboa, 2016, p. 7.

415 Modalidade "externa", ou seja, quando não existe um prévio vínculo jurídico-laboral entre o trabalhador e o empregador. LEAL AMADO, ob. cit. pp. 127 e 128.

416 "Prestação de facto positivo". Expressão de LEAL AMADO, ob. cit. p. 49.

417 Vide artigo 161º do CT.

418 Cfr. artigos 128º, nº 1, alínea e) e 323º, nº 1, ambos do CT.

419 Ou seja, as práticas de facto, quer no tráfico jurídico, quer no domínio comercial. CARLOS MOTA PINTO, ob. cit., p. 66.

Esta remuneração/retribuição ficará a cargo do administrador subordinante, tal como sucede no caso do sujeito influenciador (ponto 3.2.2).

Em conformidade com as razões apontadas no precedente tópico da presente dissertação, todos os sujeitos subordinantes (à exceção dos administradores "oficiais", pelas razões já invocadas[420]), poderão, mediante o preenchimento dos respetivos pressupostos (artigo 468º do CC), pedir o reembolso à sociedade pelas despesas suportadas com a remuneração/gastos do administrador de facto não legitimado puro subordinado.

Por último, por força da inexistência de qualquer relação contratual ou de administração entre o administrador de facto não legitimado simples e subordinado e o agente subordinador (também administrador) ou entre o primeiro e a sociedade, não fará sentido confrontar esta atuação com qualquer espécie de destituição, caducidade, renúncia, denúncia, resolução ou revogação.

3.3. Abjuração de outros regimes jurídicos

3.3.1. Contrato de comissão mercantil

É o "contrato pelo qual uma das partes – o comissário – se obriga a praticar um ou mais atos comerciais em nome próprio e por conta da outra – o comitente"[421].

Atrás da sua nomenclatura, temos, verdadeiramente, um mandato sem representação de cariz comercial previsto no artigo 266º e ss. do CCom.

Os administradores, diversamente, atuam em nome das sociedades, independentemente da legitimação da sua atuação. É através desta atuação por conta e em nome da sociedade que os funcionários acatarão as ordens de produção, a sociedade conseguirá obter financiamentos, os terceiros acreditarão na celebração de negócios com a sociedade, etc.

Além dessa distinção, embora a relação de administração emergente da administração de direito possa, em certos casos, ter um cariz contratual[422], a administração fáctica, porque não surge de duas declarações de vontade negocial[423], mas sim de uma vontade do administrador e de uma

[420] Ver terceiro parágrafo da página 94.

[421] ENGRÁCIA ANTUNES, ob. cit. p. 463.

[422] Defendendo que, normalmente, a relação de administração não é contratual, mas não excluindo a contratualidade ocasional, J.M. COUTINHO DE ABREU, "Administradores e Trabalhadores...", ob. cit. p. 14; ID., *Governação das Sociedades...*, ob. cit. p. 75.

[423] O contrato, como negócio jurídico bilateral, nasce de duas declarações de vontade, "de conteúdo oposto, mas convergente". CARLOS MOTA PINTO, ob. cit. p. 647.

mera (e eventual, acrescente-se) tolerância da sociedade, não teremos aqui qualquer contrato[424].

3.3.2. Contrato de mandato sem representação

É o contrato civil pelo qual o mandatário age por conta do mandante, mas em nome próprio e que está legalmente previsto no artigo 1180º e ss. do CC.

Uma vez que atua em nome próprio, imperam as mesmas considerações feitas ao contrato de comissão comercial.

3.3.3. Contrato de agência

É um contrato de distribuição[425] tipificado no Decreto-Lei nº 178/86, de 3 de julho.

A sua definição vem prevista no artigo 1º do citado preceito e, nesse seguimento, podemos defini-lo da seguinte forma: "convenção pela qual uma das partes (o agente) se obriga a promover por conta da outra (o principal) a celebração de contratos, numa zona territorial ou num círculo de clientes delimitado, com autonomia e de modo estável, mediante retribuição"[426].

Embora apresente algumas características similares a algumas tipologias de administrador de facto como a autonomia, estabilidade (associada à "intensidade quantitativa"), e atuação por conta do principal[427], o agente tem uma atuação bastante diferente daquele. Enquanto que os administradores têm capacidade para atuar na administração em sentido amplo (gestão interna e representação externa), o agente tem uma função de projeção puramente externa, ou seja, a obrigação de promover a celebração de contratos entre o principal e terceiros (através da prospeção do mercado, promoção da atividade do principal; angariação de clientes, etc.)[428]

[424] Este argumento de negação aplicativa servirá, outrossim, para os restantes contratos apresentados neste tópico 3.3. Repare-se que, de facto, utilizamos alguns preceitos de contratos (mandato, comissão de serviço) para a criação dos estatutos dos administradores de facto não legitimados, mas nunca os interpretamos como regimes legais de aplicação integral.

[425] São contratos de distribuição aqueles "que disciplinam as relações jurídicas entre o produtor e o distribuidor "*lato sensu*" com vista à comercialização dos bens e serviços do primeiro", Engrácia Antunes, ob. cit. p. 435.

[426] Carlos Lacerda Barata, *Sobre o Contrato de Agência*, Almedina, Coimbra, 1991, p. 33.

[427] Sobre estas características, ver Carlos Lacerda Barata, ob. cit. pp. 36 a 38, 40 a 43; Engrácia Antunes, ob. cit. pp. 442 e 443; Pinto Monteiro, ob. cit. pp. 59 a 64.

[428] Carlos Lacerda Barata, ob. cit. pp. 35 e 36; Engrácia Antunes, ob. cit. p. 441; Pinto Monteiro, ob. cit. pp. 56 e 57.

e, portanto, a sua atuação é limitada a esse âmbito, estando fora do âmago da citada administração societária.

Ademais, o contrato de agência não confere, automaticamente, poderes de representação aos agentes, não tendo estes, à partida, capacidade para concluir os negócios que promovem[429]. Diz-se "à partida", pois, nos termos do artigo 2º, nº 1 do mencionado Decreto-Lei, o poder de representação poderá ser conferido ao agente através de documento escrito.

Não obstante, ainda que o contrato confira esses poderes, ficará de fora uma parcela das valências dos administradores, nomeadamente, a administração interna.

Por todos estes motivos, rejeitamos a utilidade deste contrato como regime *status* na atuação dos administradores de facto não legitimados.

Veremos infra, embora sem prescindir do supra exposto, que este regime jurídico terá um útil preceito normativo com relevo transversal a várias áreas comerciais e com decisiva proficuidade na temática da vinculação societária.

3.3.4. Contrato de mediação

O contrato de mediação é, a par do precedente, um contrato de distribuição. No entanto, distancia-se ainda mais da figura do administrador de facto e da sua múltipla vertente.

É definido como o "contrato pelo qual uma parte – o mediador – se vincula para com a outra – o comitente ou solicitante – a, de modo independente e mediante retribuição, preparar e estabelecer uma relação de negociação entre este último e terceiros – os solicitados – com vista à eventual conclusão definitiva de negócio jurídico"[430].

O mediador, atua de modo independente e de forma pontual[431], tal como acontece com algumas categorias de administrador de facto não legitimado. Todavia, fá-lo sempre por conta própria e com imparcialidade em relação aos contraentes[432], ou seja, não age nem por conta nem no interesse dos contraentes, afastando-se, desse modo, da nossa figura.

[429] PINTO MONTEIRO, ob. cit. p. 66.

[430] ENGRÁCIA ANTUNES, ob. cit. p. 458.

[431] ENGRÁCIA ANTUNES, ob. cit. pp. 459 e 460.

[432] ENGRÁCIA ANTUNES, ob. cit. p. 459.

Além disso, os seus contributos cingem-se às relações externas das entidades e, como já mencionamos, a administração em sentido amplo é muito mais do que isso.

3.3.5. Procuração

A procuração vem definida pelo artigo 262º do CC, sendo a expressão utilizada para designar "o ato pelo qual alguém atribui a outrem, voluntariamente, poderes representativos". Tratar-se-á, sensivelmente, de um ato constitutivo de uma legitimação representativa, "que habilita quem nela é investido a agir em nome e com efeitos para o sujeito de cuja vontade tal legitimação deriva"[433].

Efetivamente, tal como o administrador de facto não legitimado, o procurador atua por conta de outrem, no entanto, a esfera de atribuições do primeiro é, substancialmente, mais alargada. Enquanto que o administrador em questão pode realizar atos de administração em sentido amplo, que implica a gestão/representação interna e a representação externa, os poderes conferidos ao procurador prendem-se com a realização de negócios jurídicos[434] e, portanto, única e exclusivamente com a representação externa.

Assim sendo, uma vez que a natureza deste regime apenas alberga uma parcela do que pode ser associado à administração em sentido amplo, renunciamos à sua utilização.

Note-se, porém, que há doutrina, mais concretamente, Olavo Cunha, que utiliza o artigo 268º do CC (uma das disposições do regimento da procuração) para rejeitar a vinculação da sociedade (exceto se ratificar o negócio) pelos atos de representação externa dos administradores de facto[435] – posição da qual nos afastamos.

3.3.6. Contrato de trabalho

A definição do contrato de trabalho aparece em dois diplomas, no CT e no CC, respetivamente, nos seus artigos 11º e 1152º.

Atendendo a esses dois preceitos legais, podemos definir o contrato de trabalho como aquele pelo qual uma pessoa singular se obriga, mediante

[433] Irene Girão, ob. cit. pp. 404 a 406, n. 55.

[434] Sobre este assunto ver ponto 3.2.2 da presente dissertação, mais concretamente, primeiros dois parágrafos da página 84.

[435] Paulo Olavo Cunha, *Direito das Sociedades Comerciais*, 7ª edição, Almedina, Coimbra, 2019, pp. 579 e 580.

retribuição, a prestar a sua atividade intelectual ou manual a outra ou outras pessoas (singulares ou coletivas), no âmbito de organização e sob a autoridade e direção destas.

São, portanto, caraterísticas intrínsecas a este contrato: a prestação de trabalho, a retribuição e a subordinação jurídica[436].

Desde logo, o facto de existir uma necessária subordinação afasta este contrato de todas as tipologias de administração fáctica não legitimada onde existe autonomia decisória plena ou mitigada[437].

Neste sentido, ainda que não existam dúvidas sobre a inutilidade deste regime contratual para as citadas categorias de administrador, as mesmas emergem quando temos um administrador subordinante e um administrador subordinado.

Ora, a conexão entre estes últimos sujeitos implica, outrossim, uma prestação de facto positivo (*rectius*, de trabalho), o direito a uma retribuição e uma subordinação, ou seja, caraterísticas comuns ao contrato de trabalho[438]. No entanto, ao contrário deste que se projeta numa subordinação jurídica onde impera um dever de obediência do trabalhador e um poder de direção do empregador[439], na ligação entre o administrador que controla e o controlado existe uma subordinação *lato sensu* que brotará de uma dependência funcional (pessoal, social ou meramente económica) deste perante aquele.

De mais a mais, tal como já foi referido no ponto 3.2.3., a insubordinação do trabalhador terá consequências disciplinares que poderão culminar num despedimento com justa causa (artigos 328º, nº 1, alínea f) e 351º, nº 2, alínea a) do CT). Por seu turno, a insubordinação do augurado administrador subordinado, porque não está conexa a qualquer relação contratual (outra dissemelhança face à natureza contratual do regimento em abjuração), apenas terá magnitude e efeitos na ligação de dependência funcional com o pretenso administrador subordinante. Aliás, se o pri-

[436] LEAL AMADO, ob. cit. p. 49.

[437] Além disso, o contrato de trabalho, perante o seu caráter duradouro e com "vocação de perdurabilidade", não se compatibiliza com a administração fáctica não legitimada quando falta a "intensidade quantitativa", pela prática esporádica de atos sem expressividade económico-funcional. Sobre estas caraterísticas do contrato de trabalho, vide Leal AMADO, ob. cit. p. 56 e MENEZES CORDEIRO, *Tratado de Direito Civil, XII...*, ob. cit. p. 501.

[438] Vide, supra, ponto 3.2.3.

[439] PEDRO ROMANO MARTINEZ, ob. cit., p. 303.

meiro não seguir as "ordens" do segundo e, nesse seguimento, nada fizer, não será, tampouco, administrador de facto.

Não obstante, e em conformidade com o já referenciado, existem ligações entre este administrador de facto subordinado e a modalidade do contrato de trabalho em comissão de serviço que permitem chamar à colação alguns preceitos do regime do contrato de trabalho, mas sem que essas ligações sejam suficientes para aquisição da qualidade de contrato (note-se que este administrador não legitimado apenas objetiva uma *atuação na administração*, sem emergir dela uma relação contratual, quer com o subordinante, quer com a sociedade "beneficiária").

Por fim, embora reconheçamos a utilidade ultra restrita a alguns preceitos laborais e com aplicação exclusiva para o administrador de facto não legitimado simples subordinado, entendemos que a inexistência de um verdadeiro contrato de trabalho impede a aplicação integral das suas disposições enquanto estatuto.

3.3.7. Gerentes de comércio, auxiliares e caixeiros

Estas figuras comerciais vêm definidas no artigo 248º e ss. do CCom e são legalmente qualificadas como mandatários comerciais com representação (Capítulo II do Título I – "Do Mandato").

Será gerente do comércio aquele sujeito que, "em nome e por conta de um comerciante, trata do comércio deste no lugar onde este o exerce ou noutro qualquer"[440] – artigo 248º do CCom.

Os auxiliares serão os sujeitos que desempenham, em nome e por conta de comerciantes, "algum ou alguns dos ramos do tráfico" a que estes se dedicam[441] – artigo 256º do CCom.

Por sua vez, os caixeiros serão os sujeitos encarregados pelos comerciantes na realização de negócios jurídicos[442] – artigo 257º do CCom.

Apresentadas as definições, inauguremos a nossa análise sobre estas últimas "entidades" por ser mais singela a justificação de exclusão.

Embora os auxiliares e os caixeiros tenham poderes para atuar em nome e por conta do comerciante-sociedade, a sua laboração parece limitada à celebração de negócios jurídicos, atendendo, essencialmente, ao teor dos artigos 256º, 257º e 258º do CCom.

440 J. M. Coutinho de Abreu, *Curso de Direito Comercial: Introdução...*, ob. cit. p. 146.

441 J. M. Coutinho de Abreu, últ. ob. cit. p. 147.

442 *Ibidem*.

Assim, por esse motivo, tal como o procurador, a atividade destes sujeitos estará presa a poderes de representação externa, *maxime*, a celebração de negócios jurídicos, ficando, deste modo, de fora, os poderes de gestão interna reconhecidos aos administradores de sociedades.

Nesse seguimento, uma vez que a administração de facto não legitimada engloba a representação interna e externa (administração em sentido amplo), não fará sentido utilizar como estatuto uma disciplina que sonega um desses elementos da administração.

Quanto à figura do gerente de comércio, a abjuração afigura-se mais complexa. Existe, por certo, um liame entre o administrador de facto não legitimado e o gerente de comércio, pois ambos têm poderes para atuar em nome e por conta de um comerciante (neste caso a sociedade-comerciante – artigo 13º, nº 2 do CCom), ambos podem concretizar "todos os atos pertencentes e necessários ao exercício do comércio"[443] e, nessa sequência, acabam por ter capacidade para exercer um poder de representação interna e externa na gestão da sociedade[444].

Carneiro da Frada e Mendes Correira defendem, inclusive, que a função de direção de um comércio pelo gerente de comércio engloba um conjunto de tarefas correspondentes, pelo menos, a uma "unidade operativa no seio da empresa"[445]. Concluem, assim, que este sujeito realiza atos jurídicos[446] (que abarcarão os simples atos e/ou negócios jurídicos – os primeiros com tendencial projeção interna e os segundos com relevo externo), assim como pode acontecer na atuação do nosso administrador de facto não legitimado.

Face às fortes semelhanças entre o gerente de comércio e o administrador de facto não legitimado, quais as razões que nos levam, ainda assim, a abjurar este regime?

Desde logo, usamos o argumento do *modus* de aplicação. Em primeiro lugar, este regime não pode ser aplicado diretamente, pois, se assim fosse, estávamos perante, tão-só, um gerente do comércio (ao qual nunca podem ser atribuídos poderes de "alta direção"). Além disso, necessitaria da atri-

[443] Artigo 249º do CCom.

[444] Reconhecendo os poderes de administração (ou representação interna) e representação externa dos gerentes de comércio, vide Almeida Langhans, "Poderes de Gerência Nas Sociedades Comerciais" in *ROA*, ano 11, nºs 1 e 2, 1951, p. 152.

[445] Carneiro da Frada / Mendes Correia, ob. cit. pp. 14 e 15

[446] Carneiro da Frada / Mendes Correia, ob. cit. p. 15.

buição do "mandato", "verbalmente ou por escrito" por parte da sociedade[447], o que não acontece na administração fáctica. Quando muito, haverá nela uma anuência societária.

Sendo assim, apesar da sua potencial abrangência para qualquer tipologia de administrador de facto não legitimado (a relação interna que subjaz à sua atuação é heterógena; pode ter por base um contrato – de trabalho, agência, prestação de serviços – ou uma relação não contratual, e, portanto, sempre poderíamos ter um sujeito a atuar com ou sem "intensidade quantitativa", autonomia decisória e, com ou sem tolerância da sociedade) nunca poderia passar da aplicação analógica. Por via disso, uma vez que a gestão de negócios e a relação de comissão têm capacidade aplicativa direta, não fará sentido, no nosso entender, utilizar a integração de lacunas para chamar o gerente do comércio às tipologias abrangidas por estes regimes.

De resto, afigura-se-nos mais razoável o emprego de parcelas do regime do contrato de mandato comercial e civil do que propriamente o regime do gerente do comércio (que também se "alimenta" das "disposições gerais" aplicáveis ao mandato comercial – artigo 231º e ss. do CCom) para os administradores de facto não legitimados puros e influenciados, pois a existência de uma *autonomia mitigada* pelas instruções de outrem está associada à figura do mandato, enquanto que para o gerente de comércio a autonomia decisional plena, limitada ou inexistente seria indiferente para uma eventual aplicação analógica.

Sem embargo das preditas arguições abjurantes, cremos que o maior argumento a justificar a negação da aplicação desta figura é a sua superlativa abrangência que permitiria a subsunção de todas as tipologias de administração fáctica não legitimada ao seu núcleo. Parece, *prima facie*, que este é um argumento abonatório da utilização deste regime, no entanto, cremos, pelo contrário, que este é o precípuo fundamento para repugnar a sua avocação. No fundo, ao ser aceite o regime do gerente de comércio, todas as categorias de administração não legitimada, com distintas caraterísticas, estariam sujeitas à mesma disciplina e, consequentemente, aos mesmos deveres, direitos e responsabilidades. Ora, tal conjuntura parece-nos irrazoável atendendo ao princípio Constitucional da igualdade ("o igual deve ser tratado igualmente e o desigual desigualmente"[448]) e, por isso mesmo, abjuramos o emprego desta figura.

[447] Vide artigo 249º, 1ª parte, do CCom.

[448] J.J. Gomes Canotilho, ob. cit. p. 428.

3.4. A (ir)relevância do artigo 80º do CSC para a figura do administrador de facto não legitimado

Antes de entrarmos no cerne da discussão, será relevante a transcrição do teor deste preceito, visto por RICARDO COSTA como uma "norma de *extensão*"[449]:

> *"Artigo 80º – Responsabilidade de outras pessoas com funções de administração*
> *As disposições respeitantes à responsabilidade dos gerentes ou administradores aplicam-se a outras pessoas a quem sejam confiadas funções de administração."*

Essencialmente, este preceito legal estende o regime da responsabilidade dos administradores de sociedades a outros sujeitos aos quais foram confiadas pela sociedade "funções de administração". Contudo, a lei não apresentou o elenco das pessoas às quais poderão ser atribuídas essas funções, ficando a cargo do intérprete esse ofício[450].

De facto, para efeitos da nossa temática emergem duas questões, uma das quais a doutrina tem procurado responder: qual a utilidade do artigo 80º para fundamentar a responsabilidade do administrador de facto (legitimado, acrescentemos)?; enquanto que a outra brotará, necessariamente, da nossa dissertação e que poderá ser formulada da seguinte forma: poderemos encaixar o administrador de facto não legitimado no grupo de pessoas às quais o artigo 80º do CSC estende a responsabilidade societária?

Relativamente à primeira questão, a doutrina tem esgrimido argumentos sobre a utilidade ou não deste preceito para fundar a responsabilidade do administrador de facto (legitimado).

Na "embarcação" que defende a aplicação do artigo 80º encontramos, desde logo, ELISABETE RAMOS que admite (numa fase inicial do seu pensamento) a extensão ao reconhecer que, "embora falhe a qualidade formal de administrador, ao exercício material das funções de administração deve corresponder a sujeição ao regime jurídico-societário da responsabilidade civil dos gerentes, a administradores ou directores, por força do art. 80º"[451].

[449] RICARDO COSTA, *Os Administradores de Facto...*, ob. cit. p. 974, ID., "Artigo 80º", in *Código das Sociedades Comerciais em Comentário*, coord. J.M. Coutinho de Abreu, vol. I, 2ª edição, Almedina, Coimbra, 2017, p. 983; *Estudos Dispersos...*, ob. cit. p. 150.

[450] *Ibidem.*

[451] ELISABETE RAMOS, *Responsabilidade Civil dos Administradores e Directores de Sociedades Anónimas perante os Credores Sociais*, Studia Iuridica 67, Coimbra Editora, 2002, pp. 180 a 182, 185 e 186.

No mesmo sentido, TÂNIA MEIRELES DA CUNHA, defende que "o art. 80º do CSC estende a responsabilidade dos gerentes, administradores e directores a quaisquer pessoas que exerçam funções de Administração", concluindo, de seguida, que esta alonga-se, portanto "a quem, não sendo gerente, administrador ou director de direito, o seja de facto"[452]. A Autora fundamenta a sua posição perscrutando o citado preceito como uma forma de impedir "que o não cumprimento das formalidades exigidas por lei gere uma esfera de impunidade e, por outro lado e por consequência, impedir que seja mais vantajosa uma situação à margem da lei do que uma situação regular", concluindo pela aplicação da responsabilidade societária (artigo 72º e ss. do CSC) aos administradores de facto por via do artigo em estudo[453].

MARIA DE FÁTIMA RIBEIRO, embora problematize mais a utilidade do artigo 80º, acaba, no fundo, por reconhecê-la para algumas situações de administração de facto (legitimada). A Autora sustenta, não obstante, que "a letra da lei não tranquiliza o intérprete", pois, de facto, "fala-se, expressamente, em pessoas a quem sejam "confiadas" funções de administração" parecendo implicar, nesse sentido, "um acto de vontade de alguém (...) que incumbe outrem dessas funções"[454], ficando, destarte, de fora as situações em que essas funções são espontaneamente assumidas[455].

Apesar do obstáculo da "confiança de função" (distinta da tolerância societária para efeitos de administração de facto), a Autora advoga que, "se o preceito responsabiliza o sócio/gerente de facto em situações em que a este, de algum modo, as funções de administração foram "confiadas", por maioria de razão, deverá responsabilizá-lo nas situações em que o sócio assumiu tais funções por sua própria iniciativa, quantas vezes para tentar precisamente iludir os preceitos que estabeleçam a responsabilidade do gerente de direito"[456]. Além deste cenário, a Autora admite, outrossim, a aplicação deste artigo nas situações em que sócio(s) das sociedades por quotas, através do poder deliberativo previsto no artigo 259º do CSC,

[452] TÂNIA MEIRELES CUNHA, "A Culpa dos Gerentes, Administradores e Directores na Responsabilidade por Dívidas de Impostos", in *BFD*, 77, Coimbra, 2001, p. 795; ID., *Da Responsabilidade dos Gestores..., ob. cit.*, p. 77.

[453] TÂNIA MEIRELES CUNHA, *Da Responsabilidade dos Gestores...*, ob. cit. p. 79.

[454] MARIA DE FÁTIMA RIBEIRO, ob. cit. pp. 468 e 469.

[455] MARIA DE FÁTIMA RIBEIRO, ob. cit. p. 469.

[456] MARIA DE FÁTIMA RIBEIRO, ob. cit. p. 470.

consegue(m) "condicionar e orientar a gestão", estando (indiretamente) a exercer funções de administração que lhe(s) foram "confiadas" (neste caso pela lei). Assim, este(s) "sócio(s) controlador(es)", na conceção da Autora, serão "gerentes de facto" aos quais serão aplicáveis as disposições da responsabilidade dos administradores por intermédio do artigo 80º[457].

Por todas as razões supra expostas, MARIA DE FÁTIMA RIBEIRO acaba por utilizar a norma em apreciação para algumas conjeturas de administração fáctica[458].

Por último, na linha dos defensores da tese aplicativa do artigo 80º aos administradores, a CMVM, aquando da reforma do CSC de 2006, asseverou que o diploma: "reunia já um acervo considerável de normas que podem responder, e respondem, a diversas situações para as quais se desenvolveu inicialmente a doutrina do administrador de facto no Direito societário" utilizando como exemplo o mencionado artigo 80º[459].

Com uma posição que nos parece intermédia, surge MENEZES CORDEIRO que diz, essencialmente, que o artigo 80º pode ser utilizado como um "argumento suplementar"[460] para fundar e apoiar a responsabilidade societária do administrador de facto[461].

Por seu turno, entre os Autores que negam a utilidade da referida norma, para efeitos de responsabilização dos administradores de facto (legitimados), destacamos, em primeira linha, COUTINHO DE ABREU e ELISABETE RAMOS (fase atual do seu pensamento). Ambos defendem que o artigo 80º não serve, por exemplo, para os administradores aparentes sem qualquer título ou para os administradores na sombra (administradores de facto indiretos), pois em nenhum deles foram "confiadas funções de administração"[462].

457 MARIA DE FÁTIMA RIBEIRO, ob. cit. p. 473.

458 *Ibidem.*

459 CMVM, ob. cit., p. 17. Também defendendo a utilidade do artigo 80º, embora sem esmiuçar a questão, SOVERAL MARTINS, "Contrato de Sociedade, Vícios e Invalidade", in *BFD*, 86, Coimbra, 2010, p. 146.

460 "Mas não suficiente ou indispensável", nas palavras de DAVID NUNES DOS REIS, ob. cit. p. 95.

461 MENEZES CORDEIRO, "Capítulo VII – Responsabilidade civil..., ob. cit. pp. 351, anotação 43 e 369, anotação 5.

462 J. M. COUTINHO DE ABREU/ELISABETE RAMOS, ob. cit. p. 45, ID., J. M. COUTINHO DE ABREU, *Responsabilidade Civil dos Administradores...*, ob. cit. pp. 106 e 107.

* * *

Diversamente, os Autores olhavam para o artigo 82º, nº 2, alínea a) do CIRE (hoje artigo 82º, nº 3, alínea a) do mesmo diploma legal) com maior préstimo para fundar a aplicação da responsabilidade societária dos administradores de facto[463]. De facto, este artigo confere ao administrador da insolvência, enquanto dura o processo de insolvência, legitimidade exclusiva para propor e fazer seguir "as ações que legalmente couberem", em favor do devedor, contra o administrador de Direito ou de facto. Ainda assim, essa posição tem sido alvo de criticas, das quais destacamos as seguintes a) "ao colocar a legitimidade activa exclusivamente nas mãos do administrador da insolvência, o preceito vem diminuir o seu âmbito de aplicação, pois acções previstas nos artigos 72º a 79º do CSC não poderão ser accionadas pelos credores, por sócios ou pela própria sociedade comercial"; b) as ações só poderão ser intentadas na pendência de um processo de insolvência, não podendo ser usadas como um "instrumento preventivo na mão dos credores sociais"[464]; c) o citado artigo 82º "não permite nem na sua letra nem no seu espírito que o administrador da insolvência proponha ou faça seguir, contra administradores de facto, as ações de responsabilidade que legalmente couberam contra os administradores de direito"[465].

* * *

Com similar entendimento no que tange à utilidade do artigo 80º, João Santos Cabral, defende que o mesmo não compreende a "complexidade e as diversas dimensões que o instituto em estudo pode assumir". Acaba, depois, por concluir, em consonância com os precedentes Autores, que ficam de fora do seu âmbito os administradores de facto sem qualquer título e o *shadow director*[466].

[463] J. M. Coutinho de Abreu/Elisabete Ramos, ob. cit. pp. 45 e 46, ID., J. M. Coutinho de Abreu, *Responsabilidade Civil dos Administradores...*, ob. cit. p. 107; também referindo que o próprio legislador já antecipou a aplicação da responsabilidade societária dos administradores de facto (legitimados) através deste preceito, CMVM, ob. cit, p. 17.

[464] Inês Dias Chambel, ob. cit. p. 42.

[465] Maria De Fátima Ribeiro, ob. cit. p. 473, n. 167.

[466] João Miguel Santos Cabral, "O Administrador de Facto..." ob. cit. p. 143 e 144.

Por fim, RICARDO COSTA defende que a norma "não deixa de ser um afloramento no CSC da figura e da responsabilidade de alguns sujeitos que podem ser qualificados como administradores de facto"[467]. Não obstante, remata no sentido de que "é forçado entender que foram confiadas funções de administração a espécies (ou subespécies) de administradores de facto, nomeadamente, as funções realmente exercidas sem qualquer ato de designação ou depois de extinto, caduco ou suspenso o título e por quem as exerce indiretamente (nomeadamente sobre a forma oculta) através de administradores de direito"[468]

Efetivamente, RICARDO COSTA apresenta uma série de situações em que pode haver confiança de funções de administração a certos sujeitos sem que estes, no entanto, adquiram a qualidade de administradores de facto (*v.g.* sócio gestor[469] que pode adquirir pela lei e/ou pelos estatutos, poderes de administração, sem se tornar, no entanto, administrador de facto) e é com base nessas hipóteses que vê utilidade no artigo 80º. [470].

Ademais, como já referimos supra, o Autor apresenta um *conceito extensivamente redefinido* de administrador de sociedades comerciais que abrange o de *iure* e os de facto jussocietariamente relevantes (*ope Legis*/legitimado) havendo uma equiparação tendencial no que toca aos direitos, deveres e, mormente, no que que diz respeito à disciplina da responsabilidade societária. Por esse motivo, considera inútil chamar à colação o artigo 80º do CSC para cumprir "igual desiderato"[471].

Seguimos, para o administrador de facto jussocietariamente relevante e legitimado, a posição de RICARDO COSTA e, por via disso, achamos que o artigo em análise tem um relevo praticamente inexistente para esta figura.

[467] RICARDO COSTA, *Os Administradores de Facto...*, ob. cit. p. 981; ID., "Artigo 80º" ..., ob. cit. pp. 995 e 996; e *Estudos Dispersos...*, ob. cit., p. 155.

[468] *Ibidem.*

[469] Tratado como *sócio gestor legitimo*, nas palavras de RENATA ESTEVES (ob. cit. pp. 76, 129 e 130), ao qual reconhece a responsabilização por via do artigo 80º.

[470] RICARDO COSTA, "Artigo 80º" ..., ob. cit. pp. 997 e ss.

[471] RICARDO COSTA, *Os Administradores de Facto...*, ob. cit. pp. 982, 987 e 988; ID: "Artigo 80º" ..., ob. cit. pp. 996 e 997. Defendendo, igualmente, que o conceito de administrador deve ser visto em termos funcionais e que, consequentemente, o regime da responsabilidade civil previsto no artigo 72º e ss. do CSC deve ser aplicado, também, aos administradores de facto por intermédio de uma interpretação extensiva, JOSÉ FERREIRA GOMES, "Conflito de Interesses...", ob. cit. pp. 155 e 156.

Com efeito, o artigo 80º atribui responsabilidades societárias aos sujeitos aos quais a sociedade confia funções de administração. É, precisamente, essa outorga societária que nos leva a afastar a utilização deste preceito.

Desde logo, nos requisitos de qualificação da administração de fáctica legitimada não é possível vislumbrar qualquer ato de vontade da sociedade em atribuir funções de administração, mas, tão-só, uma tolerância que não tem, inelutavelmente, a mesma significação. Por esse motivo, defendemos que o artigo 80º pressupõe uma declaração de vontade societária em contar com o "contributo" doutrem, existindo, pelo menos, um negócio unilateral[472]. Por seu turno, na administração de facto legitimada não existe qualquer ato de vontade da sociedade e, consequentemente, não há negócio unilateral, visto, por nós, como condição mínima de aplicação do mencionado preceito.

Quando muito, poderíamos conceber o aproveitamento deste preceito para os cenários de administração com designação inválida. Nestas hipóteses, existe um ato expresso de designação da sociedade[473] (como negócio jurídico unilateral[474]), ou seja, um ato de vontade desta em confiar a outrem funções de administração. Uma vez que o ato é inválido, o sujeito será qualificado como administrador de facto, mas apenas se concretizar um comportamento ativo de gestão[475]. Pelo exposto, não nos repugnaria aplicar o artigo 80º, visto que, neste caso, existe a "confiança de funções de administração" através de uma declaração de vontade da sociedade que justificaria a responsabilização destes administradores atuantes.

Ainda assim, este preceito normativo não abarca todas as potencialidades jussocietárias dos administradores de facto jussocietariamente relevantes, pois delimita apenas o regime de responsabilidade, ficando de fora a determinação de direitos e garantias que devem ser conferidos a estes sujeitos e, como já vimos, embora a componente obrigacional seja a preponderante[476], também emergirão, da atuação, prerrogativas que deverão ser valoradas e respeitadas.

472 Carlos Mota Pinto, ob. cit. p. 385.

473 Ricardo Costa, *Os Administradores de Facto...*, ob. cit. p. 624.

474 Considerando que a designação reveste esta natureza, J. M. Coutinho de Abreu, Curso de Direito Comercial: Das Sociedades..., ob. cit. pp. 549 e 550.

475 Ricardo Costa, últ. ob. cit. p. 635.

476 Ricardo Costa, últ. ob. cit., p. 900.

Posto isto, reiteramos a nossa adesão à definição extensiva de administradores de sociedades (legitimados, reafirme-se) de Ricardo Costa tornando-se frívola a tentativa de subsunção de quaisquer categorias de administradores jussocietariamente relevantes no artigo em estudo. Esta postura/visão permitiu inclusive, abrir os horizontes normativos em termos de aplicação de direitos a estes administradores, para além, dos deveres e responsabilidades societários inerentes.

Assim sendo, face à exposição feita, reinará uma resposta negativa quanto à utilidade do artigo 80º do CSC como norma fundadora da responsabilidade dos administradores de facto legitimados.

Cumpre-nos, agora, responder à segunda indagação. Será, ainda assim, viável "lançar mão" do artigo 80º do CSC para a administração fáctica não legitimada? Advogamos, de igual forma, uma resposta negativa.

Para amparar esta posição negatória, repisamos alguns dos argumentos apresentados para efeitos da administração legitimada. Também aqui, não existe um ato de vontade da sociedade em "confiar" funções de administração. Aliás, em algumas das tipologias desta administração não existe, tampouco, tolerância/conhecimento da sociedade. Além disso, o estatuto do administrador de facto não legitimado, tal como o precedente, não se entrega exclusivamente à condição de responsabilidade, enquanto que o citado artigo apenas releva para esse efeito.

Por último, seria demasiado oneroso para os administradores de facto não legitimados (com exceção do quase legitimado) estarem sujeitos a uma responsabilidade societária mais gravosa e aplicável à relação de administração, quando estes concretizam, somente, uma *atuação na administração*, muitas das vezes, esporádica ou até mesmo única (embora com eventual "expressividade económico-funcional"), sem terem, por vezes, formação específica para administrar e sem estarem ao corrente das estratégias e políticas empresariais da sociedade.

Vimos, não obstante, que na hipótese do administrador de facto quase legitimado existe uma aplicação analógica da responsabilidade societária, mas sob certas condicionantes, e que se justifica pela aproximação que tem em relação ao legitimado. Ainda assim, esta tipologia não precisa de utilizar o artigo 80º para justificar a analogia. A propósito, é nela que falha, curiosamente, o requisito da aquiescência societária, que poderia ser visto como o pressuposto de legitimação que se aproxima mais da ideia de "confiança" de funções.

Por todas as razões enumeradas, somos da opinião que, no âmbito da administração fáctica em geral e na não legitimada em particular, não merece aplicação/relevo o artigo 80º do CSC.

3.5. O sócio "influenciador" do artigo 83º, nº 4 do CSC como administrador de facto não legitimado?

Antes de entrarmos no cerne da aplicabilidade deste preceito a administradores de facto não legitimados, será fundamental compreender quem adquire a qualidade de "sócio influenciador", nesses precisos termos legais. As características desta distinta figura vêm disseminadas no próprio artigo 83º/4 que dispõe o seguinte: "*O sócio que tenha possibilidade, ou por força de disposições contratuais ou pelo número de votos de que dispõe, só por si ou juntamente com pessoas a quem esteja ligado por acordos parassociais de destituir ou fazer destituir gerente, administrador ou membro do órgão de administração e pelo uso da sua influência determine essa pessoa a praticar ou omitir um acto responde solidariamente com ela, caso esta, por tal acto ou omissão, incorra em responsabilidade para com a sociedade ou sócios, nos termos da lei*".

Nas doutas palavras de RICARDO COSTA, esta cláusula legal procura sancionar o sócio controlador da administração por *culpa in instruendo*, em face das ordens vinculativas e diretas que levam os administradores com legitimação formal, legal ou material a praticar/omitir atos, com consequências danosas para a sociedade[477]. Sanção que busca, essencialmente; "obviar a que acionistas (e sócios em geral – acrescento nosso) exerçam uma influência ilegítima sobre outros órgãos sociais"[478]. Ingerência essa que terá efeitos negativos na "autonomia da formação da vontade" societária e na correta "repartição de competências entre os órgãos sociais", sendo estas algumas das finalidades (para além "da proteção do património" social e da "integridade da conduta da administração") que o preceito procura salvaguardar com as imputações[479].

Note-se, porém, que o artigo 83º, nº 4 apenas procura sancionar a influência do sócio sobre a administração "quando conduz à prática de

[477] RICARDO COSTA, *Os Administradores de Facto...*, ob. cit. p. 304, ID., "Sócios como Administradores de Facto das "suas" Sociedades, in *Coleção Estudos Instituto...*, ob. cit. p. 778; *O Sócio Gestor...*, ob. cit. p. 118;

[478] RENATA ESTEVES, ob. cit. p. 113 e 114.

[479] RUI PEREIRA DIAS, "Artigo 83º", in *Código das Sociedades Comerciais em Comentário*, coord. J.M. Coutinho de Abreu, vol. I, 2ª edição, Almedina, Coimbra, 2017, p. 1035.

um ato prejudicial, i.e, um ato que faça este último incorrer em responsabilidade para com a sociedade ou os restantes sócios"[480]. Não será, portanto, alvo de intervenção "punitiva" a influência do sócio que não prejudique a sociedade[481]. Aliás, nada impede, e até será recomendável, que este exerça a sua ingerência, por compreender as peculiaridades de certos setores do mercado, sem poder ser sancionado, apesar de influenciar a sociedade de forma ilegítima.

Evidencie-se que este sócio controlador/influenciador, distingue-se dos demais sócios maioritários (*v.g.* o número de votos que possuem não são suficientes para obter uma maioria qualificada que o contrato social exige para a destituição), dominantes/controladores (ainda que sem a maioria dos direitos de voto)[482] que também podem influenciar a atuação dos citados administradores. Efetivamente, ao contrário destes últimos, aquele sócio terá que possuir um *poder de destituição* (vale como regra a livre destituição a todo o tempo, com ou sem justa causa)[483], sendo este elemento o alicerce que suporta a "edificação" do poder de influenciar e da correlativa responsabilidade do sócio.

É certo que qualquer sócio pode influenciar a atuação dos administradores, mas mais certa será a capacidade e a praticabilidade da ingerência por aquele que tem poderes de destituição. A reafirmação de um juízo de razoabilidade empírica e do normal suceder será suficiente para chegarmos a essa conclusão.

Teresa Anselmo Vaz entende, inclusive, que "na verdade, aquele que tem o poder de destituir ou fazer destituir tem também boas condições para exercer uma pressão ou influência sobre o titular do órgão em causa, utilizando a ameaça, mesmo meramente psicológica, da destituição"[484].

Aqui chegados, importará, agora, inferir a qualificação da figura, *id est*, o "sócio influenciador" com poderes de destituição ("por si só ou juntamente com pessoas a quem esteja ligado por acordos parassociais"), ao

[480] Carolina Cunha, "Acordos Parassociais e Relações dos Sócios com os Administradores: Análise de algumas cláusulas frequentes", in *AB INSTANTIA*: *Revista do Instituto do Conhecimento AB*, Ano III, Nº 5, 2015, pp. 84 e 85.

[481] *Ibidem.*

[482] Ricardo Costa, *Os Administradores de Facto...*, ob. cit. p. 266.

[483] J.M. Coutinho de Abreu, Governação das Sociedades..., ob. cit. p. 152.

[484] Teresa Anselmo Vaz, "A Responsabilidade do Accionista Controlador", in *O Direito*, III-IV, 1996, p. 375.

condicionar/influenciar a atuação dos administradores de *iure* e jussocietariamente relevantes[485], deverá ser responsabilizado como administrador de facto jussocietariamente relevante, administrador de facto não legitimado ou, tão-somente, como sócio?

Há, na doutrina, quem defenda que este sócio pode ser qualificado como administrador de facto indireto[486]. No entanto, essa conclusão não é assim tão linear, pois, efetivamente, a responsabilidade do sócio "influenciador" do artigo 83º, nº 4, do CSC não requesta a observância de todos os requisitos do administrador de facto jussocietariamente relevante[487], nem dos elementos que compõem cada uma das tipologias do administrador de facto não legitimado.

No quadro da figura do sócio "influenciador" em estudo há três requisitos que saltam à vista: 1) ser sócio; 2) ter poderes de destituição; e 3) usar desses poderes para influenciar as decisões do administrador de *iure* ou de facto direto jussociatariamente relevante[488]. Ora, destes três elementos, apenas o último poderá, eventualmente, relevar como elemento da administração fáctica Indireta. Ainda assim, não impede a responsabilização deste sócio: a) a emanação de "meros conselhos, recomendações e pareceres" aos administradores[489]; b) a influência concretizar-se em atos de "alta direção" e/ou de "gestão corrente"; c) a influência ser exercida de forma esporádica/circunstancial[490]; d) ser a sua influência determinada por um outro terceiro[491].

Pois bem, apresentadas as componentes deste sócio "influenciador" será facilmente captável que a sua conduta não será automaticamente sub-

[485] Será de excluir, patentemente, a influência sobre administradores de facto não legitimados. Como vimos supra, eles não podem ser destituídos por inexistência do pressuposto da relação de administração sendo, nesta senda, irrelevante a posse desses poderes destitutivos.

[486] J. M. Coutinho de Abreu/Elisabete Ramos, ob. cit. p. 55, n. 93; Menezes Cordeiro, "Capítulo VII – Responsabilidade Civil..., ob. cit. p. 351, anotação 42.

[487] Ricardo Costa, últ. ob. cit. p. 305.

[488] Repare-se que este estado de legitimação terá que ser anterior à atuação neste âmbito, pois aqui faltará sempre ao administrador influenciado a "autonomia decisória".

[489] Ricardo Costa, *OS Administradores de Facto...*, ob. cit. p. 307, Id., "Sócios como Administradores de Facto..., ob. cit. pp. 780 e 781; *O Sócio Gestor...*, ob. cit. p. 119. Também neste sentido, J. M. Coutinho de Abreu/Elisabete Ramos, ob. cit. p. 51; Rui Pereira Dias, *Responsabilidade por Exercício de Influência...*, ob. cit. p. 102.

[490] Ricardo Costa, *OS Administradores de Facto...*, ob. cit. p. 307, Id., "Sócios como Administradores de Facto..., ob. cit. p. 781; *O Sócio Gestor...*, ob. cit. p. 120.

[491] Rui Pereira Dias, últ. ob. cit. p. 133.

sumida na condição de administrador de facto. Se o sócio "influenciador" perpetrar a sua ingerência de modo esporádico, sem a mencionada "expressividade económico-funcional" (falta da "intensidade quantitativa"), e/ou sem "autonomia decisória" cairá a qualificação fáctica legitimada (mas ainda teremos a não legitimada). Por seu turno, se a sua interferência resultar de "meros conselhos e recomendações" (a já mencionada *influência simples*[492]) e/ou concretizar-se em atos de "gestão corrente" não existirá, tampouco, administrador de facto não legitimado, por carência de um elemento capital da administração de facto, a "intensidade qualitativa".

Assim sendo, poderemos ter um sócio "influenciador", não qualificável como administrador de facto, que, exclusivamente nessa condição de sócio, assume a responsabilidade (solidária) pelos danos juntamente com o administrador.

Renata Esteves procura resolver este quesito, mas atendendo apenas à condição de sócio "influenciador" como administrador de facto (legitimado, acrescento nosso) ou sócio "influenciador" sem o cumprimento dos pressupostos de legitimação. Segundo a Autora, se o sócio "influenciador" preencher todos os elementos habilitadores de administração fáctica (legitimada) ser-lhe-á aplicável, por essa via, o respetivo regime da responsabilidade (artigo 72º e ss. do CSC) – chama-o de "sócio gestor ilegítimo". Se, por sua vez, cair(em) determinado(s) requisitos(s) de legitimação (ou todos eles), cai, na ótica da Autora, a administração fáctica e aí o sócio influenciador sujeitar-se-á à regra do artigo 83º, nº 4 – chama-o de "sócio influenciador ilegítimo"[493].

Seguindo a esquematização de Renata Esteves, teremos que concluir que o artigo 83º, nº 4 será aplicável quer ao nosso administrador de facto não legitimado, quer ao sócio "influenciador" em sentido próprio, que serão classificados, destarte, como "sócios influenciadores ilegítimos". Aliás, não faria sentido excluir desta hipótese normativa a administração fáctica não legitimada, pois seria uma forma de ladear a normatividade jurídica vigente para aplicar, exclusivamente, um estatuto tendencialmente menos rigoroso e que emerge, necessariamente, dos hiatos legais do regime societário. No entanto, o grau da responsabilidade subjetiva terá que ser descortinado atendendo à condição de administrador de facto não legi-

[492] Vide, supra, alínea B) do Tópico 2.1.1.2.

[493] Renata Esteves, ob. cit. p. 61.

timado (e considerando, igualmente, a tipologia em causa) e à condição de sócio *strito sensu.*

Posto isto, fixando a atenção para o enquadramento literal do preceito em estudo, o administrador de facto não legitimado que preencha os requisitos da norma, será responsável solidariamente com o administrador "oficial".

Por uma questão de salvaguarda dos interesses de todos os intervenientes, julgamos curial o chamamento do artigo 497º, nº 2 do CC[494]. Desde logo, e em conformidade com o já referido supra[495], o não reconhecimento de um direito de regresso contribuiria para dissuadir os administradores direto ou indireto do cumprimento voluntário das responsabilidades, pois deixariam de possuir, depois, mecanismos de obter o reembolso da parcela indemnizatória que caberia ao outro. Além disso, havendo culpa dos dois sujeitos, e havendo, outrossim, elementos concretos que revelem que o sócio "influenciador" cumpre os requisitos da administração fáctica não legitimada, o seu grau de culpa deverá ser avaliado em conformidade com a diligência associada à sua condição (por norma, a diligência do *bonus pater famílias*) enquanto que o administrador direto *iure* ou de facto jus-societariamente relevante sujeitar-se-á à diligência do "gestor criterioso e ordenado". Note-se, porém, que esta sistematização não implica que a maior fatia indemnizatória fique a cargo do administrador influenciado. Existem, efetivamente, outros elementos a serem considerados, como o grau de discricionariedade que o sujeito influenciado manteve[496] e a culpa dolosa ou negligente[497] dos envolvidos.

A doutrina tem apresentado algumas propostas interpretativas do artigo 83º, nº 4 do CSC que importa, aqui, referenciar.

Rui Pereira Dias parece admitir uma adaptação extensiva deste artigo não só às situações em que a influência emerge de uma intervenção extraorgânica, mas também àquelas em que a influência é exercida por meio de deliberações sociais. O Autor procura "interpretar a norma no sentido de sancionar os sujeitos que, jurídico-societariamente ligados

[494] Admitindo a utilização deste preceito Rui Pereira Dias, últ. ob. cit., p. 137. Se bem entendemos, apresenta algumas reservas quanto ao seu possível chamamento, Renata Esteves, ob. cit. 119 a 122.

[495] Ver primeiro parágrafo da página 93.

[496] Quanto menor a discricionariedade, menor será a sua responsabilidade e maior a do "influenciador".

[497] Associada à intenção ou não de causar danos à sociedade.

à sociedade, colham benefícios da actuação danosa", ou seja, se a nossa cognição não contém falhas, o fim da norma será a responsabilização pela influência dos sócios (via deliberativa ou não) na atuação danosa dos administradores que sejam, efetivamente, influenciados[498].

Desta interpretação sobrevém outra demanda relacionada com o disposto no artigo 72º, nº 5 do CSC. Este preceito, em síntese, isenta os administradores (influenciados) de qualquer responsabilidade se atuarem em conformidade com as deliberações dos sócios.

Ora, essa isenção, atendendo ao teor literal do artigo 83º, nº 4, teria como efeito a exoneração da responsabilidade do sócio "influenciador", pois este só responderia sob a condição do administrador influenciado ser, também ele, responsável.

Para contornar esse quadro injusto e penalizador para a sociedade, Rui Pereira Dias defende que o sócio "influenciador" não deve lançar mão das desculpas de desresponsabilização do administrador "oficial"[499] para exonerar-se dos danos causados àquela. Nesse seguimento, interpreta restritivamente o artigo 83º, nº 4, admitindo que os factos que excluem a responsabilidade do administrador "oficial" não podem ser aproveitados pelo sócio "influenciador", sendo este avocado sozinho à responsabilização, inexistindo assim a solidariedade expressa no artigo 83º, nº 4[500].

Pois bem, nesta (re)configuração do preceito podemos ver um sócio "influenciador" a ser o único responsável pelos danos causados à sociedade, isto, claro está, sob o cenário de não estarem reunidos pressupostos de responsabilização do administrador influenciado. À vista disso, poderemos, então, ter um sócio "influenciador" com a qualificação de administrador de facto não legitimado a ser o único responsável pelos danos e o único incumbido da sua reparação integral.

Em virtude de todas as comprovações apresentadas, estamos aptos a responder afirmativamente à questão levantada no presente ponto e reconhecer a aplicação do artigo 83º, nº 4 do CSC ao administrador de facto não legitimado.

[498] Rui Pereira Dias, últ. ob. cit. pp. 134 e 135.

[499] O caso do artigo 72º, nº 5 do CSC é utilizado como exemplo.

[500] Rui Pereira Dias, últ. ob. cit. p. 135. Com posição distinta, vide Renata Esteves, ob. cit, pp. 126 e 127.

3.6. Vinculação das sociedades pela atuação do administrador de facto não legitimado[501]

3.6.1. Breve alusão à vinculação societária

Do comportamento do órgão de administração podem emergir um conjunto de dificuldades. Entre estas, destaca-se o modo de obrigar/vincular a sociedade nas relações com terceiros.

As matérias problemáticas da vinculação societária visam depreender se o procedimento adotado pelo sujeito que representa a sociedade poderá, *in concreto*, ser válido e vinculá-la perante os terceiros envolvidos.

No fundo, são os administradores das sociedades, enquanto membros do órgão de administração, que detêm tipicamente os poderes de representação (externa)[502] e vinculação[503]. No entanto, outros órgãos[504], sócios[505] e representantes voluntários (mandatários, gerentes de comércio, etc.)[506] podem exercer, ocasionalmente, a atividade representativa[507].

Existem, com efeito, várias perquirições que envolvem a temática da vinculação, tais como: a prática de atos violadores das regras legais e de disposições estatutárias (saber se, uma vez violados os elementos estatutá-

501 O presente ponto terá como base alguns fragmentos do seguinte trabalho: Fábio André Duarte da Rocha, *Vinculação das Sociedades pelos Actos dos Administradores de Facto*, apresentado na cadeira de Direito das Sociedades, do Mestrado Jurídico- Empresarial, Menção em Direito Empresarial, FDUC, Coimbra, 2017 (não publicado).

502 Neste capítulo, sempre que falarmos em representação, estaremos a assinalar a representação externa.

503 Ver artigos 192º, nº 1, 252º, nº 1, 260º, nº 1, 261º, nº 1, 405º, nº 2, 408º, nº 1, 409º, nº 1, 431º, nº 2 do CSC. Note-se que J. M. Coutinho de Abreu defende a existência de uma "equivalência entre vinculação e representação", em "Vinculação das Sociedades Comerciais", in *Estudos em Honra do Professor Doutor José de Oliveira Ascensão*, Vol. II, Almedina, Coimbra, 2008, pp. 1213 e 1214 ID., *Curso de Direito Comercial: das Sociedades...*, ob. cit. p. 551. Diferentemente, olhando para a vinculação como o resultado do procedimento de representação (lado externo da representação), Cassiano dos Santos, Direito das Sociedades Comerciais, versão preliminar para apoio dos estudantes da cadeira de Direito Comercial II, 2ª Turma, 2012-2013, p. 154, *apud* Neuza Margarida de Oliveira Dinis, *Representação e Vinculação nas Sociedades por Quotas: Estrutura Organizatória e Interesse Social*, Dissertação de Mestrado, FDUC, Coimbra, 2015, p. 35.

504 Órgão deliberativo interno; fiscal único ou conselho fiscal (artigo 420º, nº 1, alínea l) do CSC), conselho geral e de supervisão (artigo 441º, nº 1, alínea p) do CSC).

505 Artigos 253º, nº 1 e 2 e 470º, nº 4 do CSC.

506 Artigos 252º, nº 7 e 391º, nº 8, ambos do CSC.

507 J. M. Coutinho de Abreu, "Vinculação das Sociedades...", ob. cit. p. 1214; ID., *Curso de Direito Comercial: das Sociedades...*, ob. cit. p. 552.

rios limitativos da representação, a sociedade fica, ainda assim, vinculada perante terceiro que se apresente de boa-fé); a (in)oponibilidade a terceiros que contratam com a sociedade quando há uma suplantação do objeto social; a atuação externa da sociedade quando a conjunção de administradores exigida por lei ou pelos estatutos não é respeitada[508]. Inobstante, embora sejam temáticas fundamentais para efeitos de vinculação, será, diversamente, nosso intento indagar sobre a suscetibilidade de aplicação do seu regime aos administradores de facto, *máxime*, não legitimados e no fim compreender se podem ser imputados à sociedade os atos realizados em seu nome e perante terceiros, por sujeitos que não são administradores de *iure*[509].

A doutrina procurou resolver estas questões de vinculação, quer em relação aos administradores de facto jussocietariamente relevantes, quer no que diz respeito aos administradores de facto não legitimados, embora sem qualificar estes últimos como tal.

Nos próximos pontos iremos abordar o relevo destes sujeitos na representação externa/vinculação da sociedade com notório enfoque para o administrador de facto não legitimado.

3.6.2. Vinculação das sociedades por atos do administrador de facto jussocietariamente relevante (breve referência)

Acolitando-se o caminho de RICARDO COSTA com a redefinição extensiva do conceito de administradores de sociedades, será óbvio que os atos dos administradores de facto jussocietariamente relevantes, através do preenchimento dos pressupostos de legitimação material ou por meio de reconhecimento legal, vinculam a sociedade da mesma forma que os de *iure*. Para o Autor, o que permite justificar esta imputação são a aquiescência societária[510] na atuação do administrador de facto legitimado e a interpre-

[508] PEDRO PAIS DE VASCONCELOS, "Vinculação das Sociedades Comerciais", in *DSR*, ano 6, Vol. 12, Almedina, Coimbra, 2014, p. 55. Para um estudo apropriado destas temáticas, vide J. M. COUTINHO DE ABREU, "Vinculação das Sociedades...", ob. cit. p. 1213 e ss.; ID. *Curso de Direito Comercial: das Sociedades...*, ob. cit. p. 551 e ss. PEDRO PAIS DE VASCONCELOS, últ. ob. cit. p. 55 e ss.

[509] RICARDO COSTA, "Administrador de Facto e Representação...", ob. cit. p. 736, ID. *Os Administradores de Facto...*, ob. cit. p. 938.

[510] Também, nesse sentido, considerando um abuso do direito a oposição à vinculação depois da cumplicidade dos sócios na atuação destes sujeitos, JOSÉ ALVES MOREIRA, *Os Limites da Administração de Facto. Efeitos nas Relações Jurídico-Laborais*, Dissertação de Mestrado, FDUC,

tação objetivo-atualista no caso do administrador *ope legis*. Por estas razões, o caráter fáctico (relevante) destes administradores não é argumento suficiente para a sociedade opor a sua vinculação[511].

Além dos mencionados motivos, a proteção da confiança de terceiros crentes na legitimidade de quem atua no exterior como representante da sociedade e a garantia da segurança no tráfico jurídico, contribuem, igualmente, para a exponencial necessidade de aplicação do regime da vinculação societária a estes administradores[512].

Note-se, porém, que não haverá lugar à vinculação da sociedade pela intervenção de alguns administradores de facto. Para esta existir é inexorável uma representação da sociedade perante terceiros como se estes fossem administradores de direito. Ora, da própria noção de administrador de facto indireto podemos captar que não há representação da sociedade, já que da sua conduta não se vislumbra quaisquer contactos com terceiros[513] e, portanto, dela não emergem nenhumas demandas de vinculação[514] (ideia subsumível à administração fáctica com ou sem valência societária).

Uma vez ultrapassado o primeiro *round*, através do qual se admite a aplicação do regime societário da vinculação aos administradores de facto

Coimbra, 2007, pp. 90 e 91. Aliás, nesta senda, valerá o brocardo "*nemo potest venire contra factum proprium*". Fazendo, também. menção à tolerância dos sócios e/ou administradores de *iure* como elemento decisivo para a vinculação, J. M. Coutinho de Abreu/Elisabete Ramos, ob. cit. p. 42, n. 69, ID: J. M. Coutinho de Abreu, *Responsabilidade Civil dos Administradores...*, ob. cit. pp. 102. Lá fora: Franco Bonelli, *La Responsabilità degli Amministratori di Società per Azioni*, Quaderni di Giurisprudenza Commerciale, nº 135, Casa Editrice Giuffré, Milano, 1992, p. 131; Perdices Huetos, últ. ob. cit. p. 281 e 282; Nuria Latorre Chiner, *El administrador de hecho...*, ob. cit. pp. 60, 77 e 78, ID., "El Concepto de administrador de hecho..., ob. cit., p. 873.

511 Ricardo Costa, "Administrador de Facto e Representação...", ob. cit. pp. 737, 738 e 744, ID., *Os Administradores de Facto...*, ob. cit. pp. 939 e 945.

512 Ricardo Costa "Administrador de Facto e Representação...", ob. cit. pp. 737 e 741, ID. *Os Administradores de Facto...*, ob. cit. pp. 938 e 942. Argumento utilizado por James Cox/Thomas Lee Hazen, ob. cit. pp. 365 e 366.

513 Ricardo Costa, "Responsabilidade Civil Societária..." ob. cit. p. 37, n. 11, "Administrador de Facto e Representação...", ob. cit. p. 745, ID., *Os Administradores de Facto...*, ob. cit. p. 945; Martínez Sanz/Marta Bartle, ob. cit. p. 72; Menezes Cordeiro, "Capítulo VII – Responsabilidade Civil..., ob. cit. p. 351, anotação 42.

514 Considerando que os administradores ocultos sob outro título (que serão administradores de facto diretos), embora vinculem a sociedade, fazem-no, não como administradores, mas sim através do distinto título que ostentam, J. M. Coutinho de Abreu/Elisabete Ramos, ob. cit. p. 42, n. 69, ID., J. M. Coutinho de Abreu, *Responsabilidade Civil dos Administradores...*, ob. cit. pp. 102.

diretos jussocietariemante relevantes, existe um segundo que está visceralmente ligado à observância/respeito dos preceitos societários e/ou das imposições estatutárias. Efetivamente, a sociedade não fica sempre vinculada pelos atos dos seus administradores, mesmo os de *iure*. Há casos em que se pode justificar a oponibilidade da vinculação em relação a terceiros, designadamente: quando há necessidade de representação conjunta (todos os administradores, a maioria ou uma minoria) e apenas um representa[515] ou quando são ultrapassados os poderes limitados pelo objeto social[516].

Em suma, estas temáticas assumirão definitivamente destaque, porque, na prática, o administrador de facto (direto), em apreciação, faz parte do "conjunto orgânico de direito (se plural)" ou, por sua vez, integra "por si só ou com outros administradores de facto o centro orgânico fáctico de imputação da sociedade" sujeitando-se "às mesmas regras legais e estatutárias (...) que respeitam à extensão ou conteúdo dos poderes representativos e ao modo de exercício de representação daquela sociedade"[517].

3.6.3. Vinculação das sociedades por atos do administrador de facto não legitimado

O problema da vinculação das sociedades pelos atos dos administradores de facto não legitimados (na sua dupla vertente: quase legitimado e não legitimado puro) foi tratado, em específico, por Ricardo Costa[518] e David Nunes dos Reis[519], embora com nomenclatura distinta. Ricardo Costa fala em representantes sem poderes (sem estatuto para exercer poderes de representação) ou com poderes limitados (estatuto com capacidade de exercício de funções de representação externa, mas diferentes das atribuídas aos administradores) que realizam atos de representação ainda

[515] Tema com divergência na Doutrina, J. M. Coutinho de Abreu, *Curso de Direito Comercial: Das Sociedades...*, ob. cit. pp. 563 a 565; ID., "Diálogos com a Jurisprudência, IV – Vinculação de Sociedades", in *DRS*, ano 6, Vol. 12, Almedina, Coimbra, 2014, p. 104; Soveral Martins, *Os Poderes de Representação dos Administradores de Sociedades Anónimas*, Coimbra Editora, Coimbra, 1998, p. 118 (não vincula a sociedade); Pedro Pais de Vasconcelos, últ. ob. cit. p. 93 (vincula a sociedade).

[516] Cfr. artigo 260º. nº 2 e 409º, nº 2 do CSC.

[517] Ricardo Costa, "Administrador de Facto e Representação...", ob. cit. pp. 743 e 744, ID. *Os Administradores de Facto...*, ob. cit. p. 944.

[518] Ricardo Costa, "Administrador de Facto e Representação...", ob. cit. p. 746 e ss., ID. *Os Administradores de Facto...*, ob. cit. p. 946 e ss.

[519] David Nunes dos Reis, ob. cit. p. 45 e ss.

sem terem adquirido a qualidade de administradores de Facto (legitimado), mas causando essa aparência nos terceiros com quem contactam[520].

Por sua vez, DAVID NUNES DOS REIS, tratando estes sujeitos como "pretensos administradores" (supra definidos), reconhece que ao agirem por conta e em nome da sociedade, aparentando ser verdadeiros administradores, irão criar nos terceiros a aparência de que representam a sociedade e que os seus atos a irão vincular[521].

Apesar de seguirmos a qualificação destes sujeitos como administradores de facto não legitimados, sufragamos o pensamento desencadeado por estes Autores, no sentido de procurar conciliar os antinómicos interesses em presença. Por um lado, a sociedade poderá pretender a não vinculação por uma ilegítima atuação. Por outro, a proteção das legitimas expetativas e a confiança de terceiros (como manifestação do princípio da boa-fé[522]) imprimem a necessidade da vinculação da sociedade. A tutela do comércio jurídico e do tráfego jurídico-comercial também podem contribuir para esta imperativa vinculação[523]. No entanto, a tutela excessiva dos interesses dos terceiros é apta a pôr em causa o interesse individual da sociedade e o próprio interesse geral do comércio jurídico[524]. Não devemos, por isso, proteger de forma indiscriminada nenhum dos intervenientes. Devemos, pelo contrário, encontrar um justo equilíbrio entre o interesse do terceiro e o interesse da sociedade colocando o acento tónico na razoabilidade da proteção de um e outro.

É certo que estes administradores de facto não legitimados diretos[525], na sua atuação externa, são representantes sem poderes ou num quadro de abuso de representação (caso, por exemplo, de um verdadeiro mandatário da sociedade que realiza um ato representativo de "alta direção", ultrapassando os poderes que lhe foram outorgados) e, portanto, numa

520 RICARDO COSTA, "Administrador de Facto e Representação...", ob. cit. pp. 736 e 746, ID. *Os Administradores de Facto...*, ob. cit. pp. 938 e 946.

521 DAVID NUNES DOS REIS, ob. cit. pp. 55 e 56.

522 CARLOS MOTA PINTO, ob. cit. p. 127.

523 RICARDO COSTA, "Administrador de Facto e Representação...", ob. cit. pp. 749 e 750, ID., *Os Administradores de Facto...*, ob. cit. p. 949.

524 PAULO MOTA PINTO, "Aparência de Poderes de Representação e Tutela de Terceiros. Reflexão a propósito do artigo 23º do Decreto-Lei nº 178/86, de 3 de julho", in *BFD*, 69, Coimbra, 1993, p. 597.

525 Ficam de fora os não legitimados indiretos, pelas mesmas razões já invocadas no precedente ponto.

configuração distinta dos administradores de *iure* e de facto legitimados que possuem, respetivamente, um título formal ou executivo-funcional que lhes permite atuar legitimamente no plano externo da sociedade.

Ora, por esse motivo, os vínculos assumidos por um administrador de facto não legitimado, que atua por conta e interesse (eventual) da sociedade (e que estará desguarnecido de qualquer título que lhe confira tais poderes), não serão, em regra, a esta imputáveis[526]. Todavia, porque qualquer regra comporta exceções, casos haverão em que a vinculação se justificará. Um deles é a hipótese do órgão de administração da sociedade se apoderar do negócio realizado pelo administrador de facto não legitimado. Neste quadro, temos uma ratificação da sociedade (ainda que tácita[527]) e consequente vinculação desta pelo negócio celebrado[528]. Para esse efeito, parte da doutrina utiliza a ratificação do artigo 268º do CC (ainda que por remissão do artigo 269º do mesmo diploma, nos casos de abuso de representação) para justificar a vinculação[529].

Carlos Mota Pinto defende a aplicação analógica deste preceito à celebração dos negócios em representação da pessoa coletiva (no nosso caso, sociedade), sem os adequados poderes[530]. Ainda que concebamos a integração, por via da analogia, para os administradores de facto não legitimados albergados pelo regime da relação de comissão, entendemos que será desnecessário seguir este itinerário integrativo no caso do emprego do regime da gestão de negócios ou do contrato de mandato. Desde logo, em relação ao primeiro instituto, existe um preceito que remete para o mencionado artigo 268º do CC, falamos do artigo 471º, 1ª parte, do CC. Por seu turno, uma vez reconhecida a aplicação analógica do contrato de

[526] Ricardo Costa, "Administrador de Facto e Representação...", ob. cit. p. 746, ID., *Os Administradores de Facto...*, ob. cit. p. 947.

[527] Santos Esteves, "Vinculação das Sociedades Anónimas e por Quotas: notas sobre o seu regime jurídico", in *RDS*, II, nº 1 e 2, 2010, p. 397.

[528] Ricardo Costa, "Administrador de Facto e Representação...", ob. cit. p. 747, ID., *Os Administradores de Facto...*, ob. cit. p. 947. Também nesse sentido, Soveral Martins, últ. ob. cit. pp. 150 e 151.

[529] Utilizando este preceito para qualquer situação de administração fáctica, Paulo Olavo Cunha, *Direito das Sociedades...*, ob. cit. p. 580.

[530] Carlos Mota Pinto, ob. cit. p. 549, n. 758; admitindo a analogia, embora para as pessoas coletivas associação ou fundação, Pedro Pais de Vasconcelos/Pedro Leitão De Vasconcelos, *Teoria Geral do Direito Civil*, 9ª Edição (Reimpressão), Almedina, Coimbra, 2021, p. 344.

mandato comercial (com aplicação subsidiária do mandato civil), também podemos, por essa via, chamar o artigo 240º do CCom (ratificação tácita se a sociedade não responder, de seguida, à comunicação da realização do ato pelo administrador de facto não legitimado puro e influenciado) e utilizar subsidiariamente o artigo 1178º, nº 1 do CC, que remete para o artigo 258º e ss. e no qual se junta o artigo 268º, para as situações em que o administrador em causa não cumpriu o seu dever de comunicar[531].

Malgrado a ratificação do negócio pela sociedade ser uma exceção à não vinculação da sociedade, não deverá ser vista como o único extravio.

Com efeito, dissemos já, que é necessário salvaguardar os interesses legítimos, quer da sociedade, quer dos terceiros que creem estar a contratar com aquela. Pois bem, o uso exclusivo do artigo 268º do CC[532] para permitir a vinculação da sociedade, mediante a ratificação, será, indubitavelmente, insuficiente para tutelar de forma equipendente os interesses em presença.

Deve-se problematizar o caso em que um administrador de facto não legitimado atua ativamente, perante terceiros, com a declaração expressa de que é administrador de direito da sociedade, ou o caso em que provoca a "impressão" num terceiro de que é legitimo administrador da sociedade nada fazendo para a afastar. Nestas situações o terceiro de boa-fé, poderá confiar de forma motivada na declaração/"impressão" de que o sujeito é verdadeiro e legitimo administrador. Falamos, pois, em "representação aparente"[533]. Ela surge quando o sujeito "age de modo a criar no terceiro a aparência de ser representante do principal, gerando a confiança do terceiro na real existência dos poderes representativos"[534]

De facto, o artigo 268º do CC é insuficiente para acautelar a aparência, ou seja, aquilo "que parece, mas não é"[535]. Na verdade, "este preceito fere de ineficácia (exceto se existir ratificação, acrescento nosso) o ato praticado

[531] Neste sentido de aplicação do artigo 268º, ex vi artigo 1178º, nº 1, ambos do CC, aparentemente, Abílio Neto, *Código Civil Anotado*, 20ª edição, Ediforum, Lisboa, 2018, p. 1088.

[532] Sempre que referenciarmos este preceito deveremos subentender, igualmente, o artigo 240º do CCom aplicável aos casos em que temos um administrador de facto não legitimado influenciado cumpridor do dever de comunicação da execução do(s) ato(s) de administração.

[533] Ricardo Costa, "Administrador de Facto e Representação...", ob. cit. pp. 748 a 750, ID., *Os Administradores de Facto...*, ob. cit. pp. 948 a 950.

[534] Carlos Lacerda Barata, ob. cit. p. 55.

[535] Rita Amaral Cabral, "A Teoria da Aparência e a Relação Jurídica Cambiária" in *ROA*, ano 44, Vol. III, 1984, p. 629.

pelo representante sem poderes, independentemente da situação em que o terceiro se encontre"[536] e, além disso, obriga os terceiros, em prejuízo da celeridade do comércio jurídico (com a perda de excelentes oportunidades de negócio, pois boas oportunidades surgem e "voam à velocidade da luz"), a "fiscalizar a repartição interna das funções e atribuições de todo e qualquer sujeito que com ele se relacione"[537]. Sem prescindir, acrescente-se ainda que a celebração dos negócios ficará "nas mãos" da sociedade que, unilateralmente, poderá decidir-se pela ratificação (ou não), ficando o terceiro de boa-fé dependente da "boa vontade" daquela em vincular-se.

Assim sendo, uma vez que o artigo 268º do CC desconsidera o elemento objetivo que legitima a confiança do terceiro ("razões ponderosas mostradas pelo caso concreto"[538]), a sua boa-fé e, até mesmo, o contributo (ativo ou omissivo) da sociedade para o quadro da aparência, reiteramos a sua insuficiência para efeitos de vinculação societária pelos atos dos administradores de facto não legitimados, pois haverá uma proteção completamente desnivelada do interesse da sociedade face ao do terceiro[539].

Efetivamente, a fluidez e celeridade das transações comerciais alvitram uma maior proteção dos terceiros que confiaram numa mera aparência jurídica de legitima representação[540]. Nesse seguimento, será curial encontrar no nosso ordenamento jurídico um instituto, regime e/ou preceito que permita harmonizar o interesse da sociedade com o interesse do terceiro na vinculação e assim abrir "a porta" a outros posicionamentos que permitam excecionar a regra da não vinculação societária[541].

PAULO MOTA PINTO aponta para o abuso do direito[542] como um itinerário possível para a busca da pretendida proteção de terceiros, ou seja, adaptando o cenário à nossa configuração, a sociedade representada não poderia invocar a ineficácia do ato do administrador de facto não legiti-

[536] DAVID NUNES DOS REIS, ob. cit. p. 52.

[537] DAVID NUNES DOS REIS, ob. cit. p. 59.

[538] RICARDO COSTA, "Administrador de Facto e Representação...", ob. cit. p. 750, ID., *Os Administradores de Facto...*, ob. cit. p. 950.

[539] *Ibidem*; e DAVID NUNES DOS REIS, ob. cit. p. 59.

[540] DAVID NUNES DOS REIS, ob. cit. p. 53.

[541] Apontando alguns preceitos, regimes e institutos apresentados pela doutrina para resolver este quesito, mas negando a sua aplicação, vide DAVID NUNES DOS REUS, ob. cit, pp. 57 a 65.

[542] Também reconhecendo a sua utilidade, ainda que para efeitos de vinculação do administrador de facto legitimado, SOVERAL MARTINS, *Administração de Sociedades...*, ob. cit. p. 203.

mado (representante aparente) se essa invocação constituísse um verdadeiro abuso do direito[543].

Para esse efeito, o Autor apresenta uma série de requisitos cumulativos para a observância do abuso do direito, quais sendo: a) existência de uma situação de aparência, apreciada objetivamente, e que seja forte o suficiente para poder gerar a confiança do terceiro; b) nexo de causalidade entre essa aparência e a celebração do negócio, ou seja, a aparência tem de ser o fundamento da celebração do negócio; c) o terceiro, sem culpa (utilizando a diligência do homem médio), não deve conhecer a realidade, crendo, de boa-fé, na realidade daquilo que é meramente aparente; d) a situação de aparência deve ser imputável ao representado (sociedade), por conhecimento (próximo de uma ratificação tácita) ou desconhecimento culposo da atuação (quanto a este desconhecimento, o Autor acaba, depois, por desconsiderá-lo para efeitos de abuso de direito, como veremos infra)[544]. Na sua visão, é justo que o representado suporte a consequência da atuação do aparente representante, se tiver conhecimento da atividade deste último, não podendo, depois, contrariar a representação que anuiu, pois estaríamos perante "um inadmissível *venire contra factum proprium*"[545]. Por fim, e tendo por base esta proposição, o Autor conclui que, no caso em que o dono do negócio (sociedade) desconhece a atuação do outro sujeito (administrador de facto não legitimado) em seu nome, ainda que de forma culposa, o instituto do abuso do direito não deverá relevar para efeitos de vinculação[546] (contrariando, assim, a parte final do requisito citado em d)).

Ora, apesar da utilidade do instituto do abuso do direito para tutelar algumas hipóteses de representação aparente, seguimos a ideia de David Nunes dos Reis quando refere que existem casos onde há aparência de representação que deve ser tutelada sem, no entanto, se verificar qualquer abuso do direito[547]. Serão, portanto, os cenários de desconhecimento culposo da sociedade.

543 Paulo Mota Pinto, ob. cit. pp. 634 e 635. Também reconhecendo o recurso a este instituto, Pinto Monteiro, ob. cit. p. 116.

544 Paulo Mota Pinto, ob. cit. pp. 636, n. 95, e 637.

545 *Ibidem.*

546 Paulo Mota Pinto, ob. cit. p. 637; seguindo esta trilha argumentativa: Pedro de Albuquerque, *A Representação Voluntária em Direito Civil (Ensaio de Reconstrução Dogmática)*, Almedina, Coimbra, 2004, pp. 1077 e 1078; e David Nunes dos Reis, ob. cit. pp. 61 e 62.

547 David Nunes dos Reis, ob. cit. p. 63; olhando, também, para o abuso do direito como um caminho "estreito", Paulo Mota Pinto, ob. cit. p. 635.

O nosso ordenamento jurídico comercial fornece-nos, de facto, face à menor abrangência do citado instituto, um preceito que procura um "equilíbrio prudente" dos "interesses em jogo"[548]. Essa norma encontra-se no regime jurídico do contrato de agência (Decreto-Lei nº 178/86, de 3 de julho), no seu artigo 23º, nº 1 que dispõe o seguinte: "O negócio celebrado por um agente sem poderes de representação é eficaz perante o principal se tiverem existido razões ponderosas, objetivamente apreciadas, tendo em conta as circunstâncias do caso, que justifiquem a confiança do terceiro de boa fé na legitimidade do agente, desde que o principal tenha igualmente contribuído para fundar a confiança do terceiro.". Isto é, impõe-se a existência de "confiança do terceiro de boa fé na legitimidade do agente" – requisito subjetivo do terceiro – fundada por "razões ponderosas, objetivamente apreciadas, tendo em conta as circunstâncias do caso" – requisito objetivo – e a confiança do terceiro fundar-se no comportamento ativo ou omissivo do principal" – requisito subjetivo, no nosso caso, da sociedade[549].

Este preceito procura, ao mesmo tempo, tutelar o tráfico jurídico-comercial e as legitimas expetativas dos terceiros, sem descurar o interesse do representado (neste caso, da sociedade). Deve, assim, ser alargado o seu âmbito de aplicação às situações em que o representante ilegítimo (no nosso caso, o administrador de facto não legitimado) esteja inserido numa organização que faça o terceiro de boa-fé acreditar que este é legitimo administrador da sociedade[550].

[548] RICARDO COSTA, "Administrador de Facto e Representação...", ob. cit. p. 750, ID. *Os Administradores de Facto...*, ob. cit. p. 950; DAVID NUNES DOS REIS, ob. cit. p. 66.

[549] CARLOS LACERDA BARATA, ob. cit. p. 55; PAULO MOTA PINTO, ob. cit. pp. 587 e 588; RICARDO COSTA, "Administrador de Facto e Representação...", ob. cit. p. 750, ID., *Os Administradores de Facto...*, ob. cit. p. 950;

[550] RICARDO COSTA, "Administrador de Facto e Representação...", ob. cit. p. 751, ID., *Os Administradores de Facto...*, ob. cit. p. 951; defendendo o alargamento desta norma a "todos os contratos de cooperação ou de colaboração (...) ou, até, aos contratos de gestão em geral (...) ou, ainda, à generalidade dos casos em que esteja presente a mesma razão de ser", PINTO MONTEIRO, ob. cit. pp. 117 e 118; com posição similar, defendendo o alargamento "de forma a proporcionar a necessária segurança do tráfico jurídico nas relações (comerciais) entre empresas e terceiros", OLIVEIRA ASCENSÃO/CARNEIRO DA FRADA, "Contrato celebrado por agente de pessoa coletiva. Representação, responsabilidade e enriquecimento sem causa", in *Revista de Direito e Economia*, Ano 16 a 19, Coimbra, 1990 a 1993, p. 58; aceitando a aplicação do preceito como "um princípio geral" de tutela da aparência jurídica, PEDRO DE ALBUQUERQUE, ob. cit. pp. 1054 e ss., defendendo a aplicação analógica, DAVID NUNES DOS REIS, ob. cit. p. 76 e ss.; negando a aplicação do citado artigo ao Direito Comercial, admitindo,

Pois bem, aqui chegados, uma vez que a regra será a não vinculação, podemos concluir que o interesse da sociedade em não se vincular deverá prevalecer[551]. Ela não deve sujeitar-se inteiramente ao risco da circulação no tráfego jurídico de um representante sem poderes, apesar dos sacrifícios provocados no interesse do terceiro de boa-fé e no próprio comércio jurídico. A sociedade tem na sua mão a possibilidade de não ratificar o negócio (artigo 268º, nº 1 do CC e artigo 240º do CCom) ou de impedir a produção dos seus efeitos na sua esfera jurídica. Porém, se a sociedade, na linha do que indica o mencionado artigo 23º, contribuiu para justificar a confiança do terceiro[552], será vinculada pelo negócio. Em quais cenários isso poderá ocorrer? Serão os casos em que é a própria sociedade a coadjuvar para a criação ou manutenção da situação de aparência, aquiescendo nesse exercício ilegítimo e, também, as situações em que a sociedade não foi diligente para precaver ou obstar à *representação não legitimada* que seria perfeitamente cognoscível[553]. Assim sendo, a sociedade estará vinculada pelos negócios dos administradores de facto não legitimados, desde que também estejam cumpridas as exigências feitas pelo artigo 23º aos terceiros que com ela contratam[554]. De facto, a sociedade não ficará vinculada se chegarmos à conclusão que um terceiro conhecia (atuando de má-fé) ou tinha condições para conhecer a ausência de legitimação (a atitude negligente impediu o conhecimento) e, apesar disso, contratou[555].

diversamente, a aplicação da figura da "procuração institucional" MENEZES CORDEIRO, *Direito Comercial*, 4ª edição, Almedina, Coimbra, 2016, pp. 674 e 675.

551 PAULO MOTA PINTO, ob. cit. p. 597.

552 "Em certos casos, deve relevar juridicamente a confiança justificada de alguém no comportamento de outrem, quando este tiver contribuído para fundar essa confiança e ela se justifique igualmente em face das circunstâncias do caso concreto. Esta relevância jurídica pode levar a atribuir efeitos jurídicos a uma situação tão-só aparente...", CARLOS MOTA PINTO, ob. cit. p. 127.

553 PAULO MOTA PINTO, ob. cit. p. 620.

554 Este parágrafo segue de forma aproximada, RICARDO COSTA, "Administrador de Facto e Representação...", ob. cit. pp. 751 a 754, ID. *Os Administradores de Facto...*, ob. cit. p. 951 a 954.

555 Se o comportamento da sociedade for duvidoso e contraditório, não sendo suficiente para justificar a confiança do terceiro de que o sujeito com quem contrata é administrador, e este mesmo assim confiar nessa possibilidade, não deve a sociedade ficar vinculada, pois aí foi o terceiro que, de forma negligente, não tomou as medidas necessárias e exigíveis – ver artigo 260º do CC – para perceber se aquele era ou não, efetivamente, administrador da sociedade, RICARDO COSTA, "Administrador de Facto e Representação...", ob. cit. pp. 754 a 756, ID. *Os Administradores de Facto...*, ob. cit. pp. 954 e 955.

Em suma, estamos em condições de concluir que os atos de representação de qualquer das tipologias de administrador de facto não legitimado direto, em regra, não vincularão a sociedade[556]. Todavia, se a sociedade ratificar o ato, por via do artigo 268º, nº 1 do CC, ou estiverem preenchidos os pressupostos do abuso de direito (na modalidade de *venire)* ou, por negligência desta, tenha existido uma situação de representação aparente e sejam preenchidos os pressupostos do artigo 23º (Decreto-Lei nº 178/86, de 3 de julho) esta ficará vinculada.

[556] Note-se que a não vinculação não obsta a que administrador de facto não legitimado adquira tal qualidade. Ele assumirá tal posição com a simples prática do ato, atendendo, obviamente, aos respetivos pressupostos de aquisição da qualificação. Se a sociedade não se vincular ao negócio, o terceiro poderá acionar a responsabilidade pré-contratual deste administrador sem poderes, nos termos do artigo 227º do CC, CARLOS MOTA PINTO, ob. cit. p. 549.

4
"Teses" da Dissertação

Uma vez finalizada a presente investigação, cumpre-nos, agora, sintetizar as nossas "teses" de forma a responder às questões levantadas no início da Dissertação:

1) A primeira "tese" (ponto 2.) prendeu-se com a qualificação da figura: quem poderá ser classificado como administrador de facto não legitimado?

Para esse efeito, procuramos, desde logo, e de forma inevitável, apresentar uma nova noção de administrador de facto (de superlativa amplitude) de modo a abarcar, também, a figura do administrador de facto não legitimado.

Nesse seguimento, qualificamos como administrador de facto qualquer sujeito que, sem investidura formal para o efeito, realize atos típicos de administração.

Esta noção alberga, não só o administrador de facto jussocietariamente relevante (legitimado e *ope Legis*), como, também, o administrador de facto não legitimado. Sendo este último visto como aquele sujeito que, sem a citada legitimação legal, realiza ato(s) de administração, na vertente da "alta direção", com ou sem "intensidade quantitativa", com ou sem autonomia decisória e, com ou sem tolerância da sociedade, sendo que, pelo menos, um destes três últimos pressupostos terá que cair para daí emergir a nossa composição não legitimada.

2) Depois de apresentada a resposta à primeira perquirição, abrimos o último e principal ponto (3.) do presente trabalho, que dá título à pre-

sente dissertação, e que procurou responder às seguintes demandas: Qual o estatuto do administrador de facto não legitimado? Quais os regimes e normas utilizadas para a composição da figura?

Neste capítulo, constatamos a multiplicidade tipológica da figura-objeto, a impor o reconhecimento de um *estatuto multifocal*, atendendo às dissidências e mutações que a mesma apresenta. Foi precisamente essa *multifocalidade* que nos obrigou à construção de distintas "teses" para cada grupo tipológico da administração fáctica não legitimada.

3) Ao contrário do administrador de facto legitimado, subjugado aos rigorosos e cumulativos critérios/pressupostos de legitimação mencionados, o nosso administrador de facto não legitimado resiste à carência de alguns desses elementos, no entanto, essa resistência implica um maior "jogo de cintura" na determinação do(s) regime(s) aplicável ou aplicáveis.

4) Sinalizamos, de facto, quatro grupos tipológicos de administração de facto não legitimada, tendo em consideração os pressupostos de legitimação preenchidos e os que falecem, quais sendo:

A) Queda exclusiva da aquiescência societária;
B) Carência exclusiva da "intensidade quantitativa" ou carência desta juntamente com a aquiescência societária;
C) Falta de autonomia decisória, exclusiva ou não[557], na vertente de *autonomia mitigada*;
D) Ausência, exclusiva ou não[558], de autonomia decisória face à existência de uma verdadeira subordinação.

5) Ao grupo A (ponto 3.1) atribuímos uma qualificação peculiar face à aproximação da tipologia em relação à administração fáctica legitimada. Falamos, portanto, no administrador de facto quase legitimado. Este administrador enquadra-se numa disciplina híbrida. Permite a aplicação analógica do regime da responsabilidade societária (artigo 72º a 79º do CSC), de deveres legais específicos e gerais de cuidado e lealdade, embora com algumas limitações (designadamente, no que toca ao dever de não con-

[557] Independentemente da privação cumulativa ou singular dos pressupostos da aquiescência e "intensidade quantitativa".

[558] Com ausência ou não, da "intensidade quantitativa" e/ou tolerância societária.

corrência) e impõe ao administrador a diligência do "gestor criterioso e ordenado". Por outro lado, admite a aplicação direta do instituto da gestão de negócios no que toca aos deveres (artigo 465º do CC), aos seus limites (artigo 466º do CC), direitos (artigo 468º e 755º, alínea d), ambos do CC[559]) e a tendencial exclusão do direito a remuneração (470º do CC – preceito alvo de adaptação restritiva).

6) O grupo B (ponto 3.2.1), tal como os seguintes, distancia-se mais da administração societária legitima e legitimada, daí falamos em administração de facto não legitimada pura/simples. Neste âmbito, utilizamos o instituto da gestão de negócios, com aplicação dos respetivos preceitos (citados no precedente parágrafo), mas com diferenças em relação à bitola da diligência e na disciplina da remuneração. No que diz respeito à diligência, aplicamos o padrão do *bonus pater familias* (artigo 487º, nº 2 do CC). Por sua vez, em matéria de remuneração, descolamos duas hipóteses. A ausência exclusiva da "intensidade qualitativa" admite a aplicação, *ipis verbis*, do artigo 470º do CC. Por outro lado, a ausência deste pressuposto e da aquiescência societária implicam a adaptação restritiva nos mesmos termos da tipologia precedente.

7) No grupo C (ponto 3.2.2), falamos no administrador de facto não legitimado simples influenciado. Para estas conjeturas chamamos à colação alguns preceitos (através da analogia) do contrato de mandato comercial e, subsidiariamente, do mandato civil. No que toca aos deveres, utilizamos os seguintes preceitos: artigos 235º, 236º, 237º, 239º, primeira parte, 240º, 241º, todos do CCom; e artigo 1161º, alínea e) do CC. Para apurar as responsabilidades pelo incumprimento culposo destas obrigações e pelos prejuízos causados, chamamos, uma vez mais, o artigo 487º, nº 2 e a sua bitola do homem médio. Além disso, ainda para efeitos de responsabilidade solidária deste administrador juntamente com o influenciador, aplicamos o artigo 100º do CCom e o artigo 497º, nº 2 do CC, *ex vi* artigo 3º do CCom.

No que toca aos direitos, evidenciamos o emprego das seguintes disposições: o primeiro parágrafo do artigo 243º e do artigo 232º parte inicial

[559] Ver também o artigo 469º do CC que adita outras vantagens ao administrador no caso de aprovação societária.

e §1º (admitindo-se o direito a remuneração), ambos do CCom; os artigos 1167º, alíneas c) e d) e 755º, alínea c), ambos do CC.

8) No grupo D (ponto 3.2.3), abordamos a figura do administrador de facto não legitimado subordinado. Para este perfil, utilizamos o regime associado à relação de comissão, ou seja, o artigo 500º do CC. Neste âmbito, a responsabilidade deste administrador cingir-se-á à atuação danosa. O incumprimento dos deveres gestórios ficará, à partida, intimamente ligado ao sujeito subordinante, enquanto que a responsabilidade do administrador subordinado ficará cerceada, pela citada atuação danosa. "À partida", pois se este realizar voluntariamente, mas de forma defeituosa, alguns dos deveres gestórios (*v.g.* prestação de contas, informações, etc.), ficará, outrossim, submetido ao direito de regresso do subordinante, pela responsabilidade objetiva deste perante a sociedade. A responsabilidade (subjetiva) do subordinado concorrerá, também, com a responsabilidade (objetiva e, eventual, subjetiva, se também tiver culpa) do subordinante – (artigo 497º, nº 2 *ex vi* artigo 500º, nº 3, ambos do CC), sendo, a primeira, balizada pela diligência do *bonus pater familias* (artigo 487º, nº 2 *ex vi* artigo 499º ambos do CC).

Quanto aos direitos, estes emergirão da singela atuação. Para esse efeito, propomos a aplicação analógica do contrato de comissão de serviço (artigo 161º do CT) e dos artigos 258º, nº 1 e 260º, nº 1, alínea a) do CT, atinentes à remuneração e despesas com as "prestações".

9) Ficam de fora, de todos os citados grupos, quaisquer disposições atinentes a destituição, caducidade, renúncia, denúncia, resolução ou revogação contratual. Com efeito, a atuação destes administradores não se funda numa relação contratual ou de administração e, por esse motivo, não faria sentido falar em *modus* de findar uma relação, que nestes casos, não existe.

10) Anuímos a aplicação do artigo 83º/4 quando temos um "sócio influenciador ilegítimo" qualificado como administrador de facto não legitimado, embora existam algumas adaptações (ponto 3.5).

11) Por último, em matéria de vinculação (ponto 3.6.3), seguimos uma rota uniforme independentemente do grupo tipológico da nossa figura. A regra será a não vinculação. Todavia esta comporta exceções. A primeira

está ligada à ratificação societária nos termos do artigo 268º do CC (aplicado analogicamente ao administrador de facto albergado pelo grupo D; por remissão do artigo 471º, nº 1, 1ª parte do CC para os administradores do grupo A e B; e também por via da remissão do artigo 1178º, nº 1 para os administradores do grupo C que não cumprirem o seu dever de comunicar o ato de administração e nos termos do 240º do CCom, aplicável exclusivamente aos administradores deste último grupo que cumprirem o citado dever de comunicação do ato). Por seu turno, a última exceção admite a vinculação mesmo sem ratificação e advém da busca de um justo equilíbrio entre os interesses da sociedade e a proteção dos terceiros de boa-fé, bem como, garantir a "tutela da aparência jurídica". Para esse fito, convocamos, primeiramente, o instituto do abuso do direito, na vertente de *venire contra factum proprium*, para os casos em que a sociedade conhece a atuação do administrador de facto não legitimado e, de seguida, recorremos ao artigo 23º, nº 1, do Decreto-Lei nº 178/86, de 3 de julho, que tem um âmbito aplicativo mais abrangente, ao admitir a vinculação nos casos em que a sociedade desconhece, culposamente, a atuação destes administradores (mediante o cumprimento dos demais requisitos, a destacar a boa-fé e diligência do terceiro).

BIBLIOGRAFIA

Abreu, Jorge Manuel Coutinho de, "Administradores e Trabalhadores de Sociedades (Cúmulos e Não)", in *Temas Societários*, IDET, Colóquios, nº 2, IDET, Almedina, Coimbra, 2006;

_____, "Destituição de Administradores de Sociedades", in *BFD*, 83, Coimbra, 2007;

_____, "Vinculação das Sociedades Comerciais", in *Estudos em Honra do Professor Doutor José de Oliveira Ascensão*, Vol. II, Almedina, Coimbra, 2008;

_____, *Governação das Sociedades Comerciais*, 2ª edição, Almedina, 2010;

_____, "Responsabilidade Civil dos Administradores de Sociedades Comerciais", 2ª edição, *Cadernos nº 5*, IDET, Almedina, Coimbra, 2010;

_____, "Responsabilidade civil nas sociedades em relação de domínio", in *Scientia Ivridica*, vol. 1, nº 329, Tomo LXI, Braga, 2012;

_____, "Diálogos com a Jurisprudência, IV – Vinculação de Sociedades", in , ano 6, Vol. 12, Almedina, Coimbra, 2014;

_____, *Curso de Direito Comercial: Introdução, Atos do Comércio, Comerciantes, Empresas, Sinais Distintivos*, Vol. *I, 12ª Edição (Reimpressão)*, Almedina, Coimbra, 2020;

_____, *Curso de Direito Comercial: Das Sociedades*, Vol. II, 7ª Edição, Almedina, Coimbra, 2021;

Abreu, Jorge Manuel Coutinho de/ Ramos, Maria Elisabete Gomes, "Responsabilidade Civil de Administradores e de Sócios Controladores (Notas sobre o art. 379º do Código do Trabalho)" *Miscelâneas nº 3*, IDET, Almedina, Coimbra, 2004;

Abriani, Niccolò, *Gli Amministratori di Fatto delle Società di Capitali*, Quaderni di Giurisprudenza Commerciale, nº 182, Casa Editrice Giuffrè, Milano, 1998;

_____, "Riforma del diritto societario e Responsabilità dell'Amministratore di Fatto: verso una Nozione Unitaria dell'istituto", in *Le Società*, nº 2, 2000;

Albuquerque, Pedro de, *A Representação Voluntária em Direito Civil (Ensaio de Reconstrução Dogmática)*, Almedina, Coimbra, 2004;

Antunes, José A. Engrácia Antunes, *Direito dos Contratos Comerciais*, Almedina, Coimbra, 2017;

Amado, João Leal, *Contrato de Trabalho: Noções Básicas*, 3ª Edição, Almedina, Coimbra, 2019;

Ascensão, José de Oliveira/ Frada, Manuel A. Carneiro da, "Contrato celebrado por agente de pessoa coletiva. Representação, responsabilidade e enriquecimento sem causa", in *Revista de Direito e Economia*, Ano 16 a 19, Coimbra, 1990 a 1993;

ATAÍDE, Rui Paulo Coutinho de Mascarenhas, *Direito dos Contratos II – Mandato*, AAFDL Editora, Lisboa, 2020;

BARATA, Carlos Lacerda, *Sobre o Contrato de Agência*, Almedina, Coimbra, 1991;

BARBIÈRI, Jean-François, "A propos de la qualificacion de dirigeant de fait et à propos de l'intention coupable en matière de présentation de comptes inexacts" in *Bulletin Joly*, Joly Éditions, Paris, 1994;

BONELLI, Franco, "La Responsabilità dell'amministratore di fatto", in *Giurisprudenza Commerciale*, Vol. XI, I, 1984;

_____, *La Responsabilità degli Amministratori di Società per Azioni*, Quaderni di Giurisprudenza Commerciale, nº 135, Casa Editrice Giuffré, Milano, 1992;

BORGIOLI, Alessandro, "L'amministratore «di fatto» non fallisce", in *Giurisprudenza Commerciale*, Vol. V, II, 1978;

BRITO, Miguel Nogueira de, *Introdução ao Estudo do Direito*, 2ª edição, AAFDL Editora, Lisboa, 2018;

BRONZE, Fernando Pinto, *Analogias*, 1ª edição, Coimbra Editora, Coimbra, 2012;

CABRAL, João Miguel Santos, "O Administrador de Facto no Ordenamento Jurídico Português", in *Revista do CEJ*, nº 10, Lisboa, 2008;

_____, "A Responsabilidade tributária subsidiária do administrador de facto" in *Estudos em Homenagem ao Prof. Doutor Manuel Henrique Mesquita*, Studia Iuridica 95, Ad Honorem – 4, Vol. I, Coimbra Editora, Coimbra, 2009;

CABRAL, Rita Amaral, "A Teoria da Aparência e a Relação Jurídica Cambiária" in *ROA*, ano 44, Vol. III, 1984;

CANOTILHO, José Joaquim Gomes, *Direito Constitucional e Teoria da Constituição*, 7ª Edição, 18ª Reimpressão, Almedina, Coimbra, 2016;

CARVALHO, Pedro Pitta e Cunha Nunes de, "A responsabilidade do comitente" in ROA, Ano 48, Vol. I, 1988;

CHAMBEL, Inês Isabel Dias, *In all but name: o Administrador de Facto nas Sociedades Comerciais – Reflexões em torno da sua concretização*, Dissertação de Mestrado, UCP, Lisboa, 2014;

CHAMPAUD, Claude/ DANET, Didier, "Sociétés et autres groupements. Dirigeant de fait – Com. 5 nov. 1991" in *Revue trimestrelle de droit commercial et de droit économique*, Paris (Sirey), 1992;

CIPOLLA, Oreste, "L'amministratore di fatto nell'evoluzione interpretativa del nostro sistema giuridico", in *Le Società*, nº 2, 2004;

CMVM, *Governo das Sociedades anónimas: propostas de alteração ao Código das Sociedades Comerciais*, Processo de Consulta Pública nº 1/2006, janeiro de 2006, disponível em: https://www.cmvm.pt;

CORDEIRO, António Menezes, "Sociedade por quotas – Poderes do Gerente – Cessação de Funções" in *RDS*, I, Nº 1, 2009;

_____, *Tratado de Direito Civil VIII. Direito das Obrigações, Gestão de Negócios, Enriquecimento sem Causa, Responsabilidade Civil*, Reimpressão da 1ª edição do tomo III da parte II de 2010, Almedina, Coimbra, 2014;

_____, *Direito Comercial*, 4ª edição, Almedina, Coimbra, 2016;

_____, *Tratado de Direito Civil, XII. Contratos em Especial (2ª parte) Parceria Pecuária, Comodato, Mútuo, Prestação de Serviço, Mandato, Depósito, Empreitada, Rendas, Jogo e Aposta e Transação*, Almedina, Coimbra, 2018;

_____, "Capítulo VII – Responsabilidade civil pela Constituição, Administração e Fiscalização da Sociedade. Introdução", in *Código das Sociedades Comerciais anotado e Regime Jurídico dos Procedimentos Administrativos de dissolução e de liquidação de entidades comerciais (DLA)*, Coord:

António Menezes Cordeiro, 4ª edição, Almedina, Coimbra, 2021;

_____, *Direito das Sociedades I – Parte Geral*, 4ª edição, Almedina, Coimbra, 2020;

Correia, Luís Brito, *Os Administradores de Sociedades Anónimas*, Almedina, Coimbra, 1993;

Correia, Miguel Pupo, O *Direito Comercial: Direito das Empresas,* com a colaboração de António José Tomás e Octávio Castelo Paulo, 14ª edição, Ediforum, Lisboa, 2018;

Costa, Mário Júlio de Almeida, *Direito das Obrigações,* 12ª edição, 6ª Reimpressão, Almedina, Coimbra, 2018;

Costa, Ricardo Alberto Santos, "Responsabilidade Civil Societária dos Administradores de Facto, in *Temas Societários,* Colóquios nº 2, IDET, Almedina, Coimbra, 2006;

_____, "Administrador de Facto e Representação das Sociedades", in *BFD,* Vol. XC, Tomo II, *2014*;

_____, "Sócios como Administradores de Facto das "suas" Sociedades, in *Coleção Estudos Instituto do Conhecimento AB, nº 4, Estudos Comemorativos dos 20 anos da Abreu Advogados,* Coord: Ricardo Costa/Luís Gonçalves da Silva, Almedina, Coimbra, 2015;

_____, "Administrador de Facto e Artigo 80º do CSC", in *E Depois do Código das Sociedades Comerciais em Comentário,* Almedina, Coimbra, 2016;

_____, *Os Administradores de Facto das Sociedades Comerciais,* Reimpressão, Tese de Dissertação para a obtenção do Grau de Doutor, FDUC, Almedina, Coimbra, 2016;

_____, *O Sócio Gestor,* Almedina, Coimbra, 2017;

_____, "Artigo 80º", in *Código das Sociedades Comerciais em Comentário,* coord. J.M. Coutinho de Abreu, vol. I, 2ª edição, Almedina, Coimbra, 2017;

_____, "A Business Judgment Rule na Responsabilidade Societária: entre a Razoabilidade e a Racionalidade", in *Governação das Sociedades, Responsabilidade Civil e Proteção dos Administradores,* Coordenação: Maria João Antunes e Alexandrc Soveral Martins, IJFDUC/IDET, Coimbra, 2018;

_____, *Estudos Dispersos,* Almedina, Coimbra, 2020;

_____, "Responsabilidade Social" na (ir) racionalidade das decisões dos Administradores de Sociedades, in *RDC,* Liber Amicorum, 2021;

Costa, Ricardo Alberto Santos/Dias, Gabriela Figueiredo, "Artigo 64º", in *Código das Sociedades Comerciais em Comentário,* coord. J.M. Coutinho de Abreu, vol. I, 2ª edição, Almedina, Coimbra, 2017;

Cottino, Gastone, *Diritto Societario,* 2ª Edizione, a cura di Oreste Cagnasso, con la collaborazione di Angelo Bertolotti, Edizioni CEDAM, Padova, 2011;

Cox, James D./Hazen, Thomas Lee, *On Corporations,* Second Edition, Vol. I, Aspen, New York, 2003;

Crespo, Tito, "A Responsabilidade Civil dos Administradores para com as Sociedades Desportivas: o caso Marat Izmailov", in *RDS,* VII, Nº 2, 2015;

Cunha, Carolina, "Acordos Parassociais e Relações dos Sócios com os Administradores: Análise de algumas cláusulas frequentes", in *AB INSTANTIA: Revista do Instituto do Conhecimento AB,* Ano III, Nº 5, 2015;

Cunha, Diogo Lemos e, "A Destituição de Administradores de Sociedades Anónimas: Em particular o alcance e o sentido da justa causa de destituição", in *ROA,* Ano 74, II, 2014;

Cunha, Paulo Olavo, *Lições de Direito Comercial,* Almedina, Coimbra, 2010;

_____, *Direito das Sociedades Comerciais*, 7ª edição, Almedina, Coimbra, 2019;

Cunha, Tânia Meireles da, "A Culpa dos Gerentes, Administradores e Directores na Responsabilidade por Dívidas de Impostos", in *BFD*, 77, Coimbra, 2001;

_____, "Responsabilidade Tributária Subsidiária – Apontamentos", *Miscelâneas* nº 5, IDET, Almedina, Coimbra, 2008;

_____, *Da Responsabilidade dos Gestores de Sociedades Perante os Credores Sociais – A Culpa nas Responsabilidades Civil e Tributária*, 2ª edição, Almedina, Coimbra, 2009;

D'Almeida, Rita Fialho, "A responsabilidade civil dos administradores de facto", in *JURISMAT – Revista Jurídica*, nº 6, 2015;

Debernardi, Giuseppe, "Sulla Responsabilità dell'Amministratore di Fatto per omesso controllo sull'operato dell'Amministratore di Diritto", in *Giurisprudenza Italiana*, nº 5, Utet Giuridica, 2013;

Dedessus-Le-Moustier, Nathalie, "La Responsabilité du Dirigeant de Fait", in *Revue des Societés*, Sirey, Paris, 1997;

Dias, Rui Manuel Pinto Soares Pereira, *Responsabilidade por Exercício de Influência sobre a administração de sociedades anónimas. Uma análise de Direito Material e Direito de Conflitos*, Almedina, Coimbra, 2007;

_____, "Artigo 83º", in *Código das Sociedades Comerciais em Comentário*, coord. J.M. Coutinho de Abreu, vol. I, 2ª edição, Almedina, Coimbra, 2017;

Dinis, Neuza Margarida de Oliveira, *Representação e Vinculação nas Sociedades por Quotas: Estrutura Organizatória e Interesse Social*, Dissertação de Mestrado, FDUC, Coimbra, 2015;

Dolmetta, Aldo A./Alibrandi, Antonella Sciarrone, "Questione attuali sulla figura del «direttore generale» d'impresa", in *Amministrazione e controlo nel diritto delle società* – Liber Amicorum Antonio Piras, G. Giappichelli Editore, Torino, 2010;

Domingos, Miguel da Silva, *A Usura na Convenção do Juro Comercial: Um olhar sobre o artigo 102º do Código Comercial*, Dissertação de Mestrado, FDUC, Coimbra, 2011;

Domingues, Paulo de Tarso, "Administradores Trabalhadores: Breves notas", in *CLR*, vol. II, nº 2, 2018;

Duarte, Joana Madaleno de Assunção, *A comissão de serviço nos cargos de administração e a problemática da cessação*, Dissertação de Mestrado, Faculdade de Direito da Universidade de Lisboa, Lisboa, 2016;

Duarte, Rui Pinto, "Os Deveres dos Administradores das Sociedades Comerciais, in *CLR*, vol. II, nº 2, 2018;

Echegaray, José Luis Diaz, *El administrador de hecho de las sociedades*, Aranzadi Editorial, Pamplona, 2002;

Esteves, Renata Salomé Vieira de Melo, *O Papel do Sócio na Gestão Societária: Um contributo para a (re)compreensão da Responsabilidade Civil Societária*, Dissertação de Mestrado, FDUC, Coimbra, 2018;

Esteves, Tiago Miguel dos Santos, "Vinculação das Sociedades Anónimas e por Quotas: notas sobre o seu regime jurídico", in *RDS*, II, nº 1 e 2, 2010;

Fattori, Andrea, "Attribuzione della qualifica di Amministratore di Fatto e conseguente responsabilità", in *Le Società*, nº 7, 1995;

_____, "Amministratore di Fatto di Società di Capitali: Natura e Responsabilità, Il Commento", in *Le Società*, nº 7, 1998;

Fernandes, António Monteiro, Direito do Trabalho, 17ª Edição, Almedina, Coimbra, 2014;

Frada, Manuel Carneiro da, "A business judgement rule no quadro dos deveres gerais dos administradores", in *ROA*, ano 67, vol. I, 2007, disponível em: https://portal.oa.pt/publicacoes/revista/ano-2007/ano-67-vol-i-jan-2007/doutrina/manuel-a-carneiro-da-frada-a-business-judgement-rule-no-quadro-dos-deveres-gerais-dos-administradores/;

Frada, Manuel Carneiro da/ Correia, Francisco Mendes, "Actuação do Gerente de Comércio por Conta e Tutela da Contraparte", in *RDC*, Liber Amicorum, 2021, disponível em: https://www.revistadedireitocomercial.com/actuacao-do-gerente-de-comercio-por-conta-e-tutela-da-contraparte;

Furtado, J. Pinto, *Código Comercial Anotado*, Vol. II, Tomo I, Artigos 151º a 178º, Almedina, Coimbra, 1979;

Girão, Irene Seiça, "Mandato de Interesse Comum" in *Comemorações dos 35 anos do Código Civil e dos 25 anos da reforma de 1977. Vol. III. Direito das Obrigações*, Coimbra Editora, Coimbra, 2007;

Gomes, José Ferreira, "Conflitos de interesses entre acionistas nos negócios celebrados entre a sociedade anónima e o seu acionista controlador", in *Conflitos de interesses no direito societário e financeiro – Um balanço a partir da crise financeira*, Almedina, Coimbra, 2010;

_____, "O Sentido dos 'Deveres de Cuidado' (art. 64º do CSC)", in *ROA*, ano 76, 2016;

Gomes, M. Januário Costa, "Contrato de Mandato Comercial. Questões de Tipologia e Regime", in *Operações Comerciais*, FDL, Almedina, Coimbra, 1988;

_____, *Contrato de Mandato*, AAFDL Editora, Lisboa, 1990;

Gómez, Luis Suárez-Llanos, "Sobre la distinción entre administración y representacion de sociedades mercantiles", in *RDM*, nº 85, Jul.-Set., Madrid, 1962;

Guerrera, Fabrizio, "Gestione «di Fatto» e Funzione Amministrativa nelle Società di Capitali", in *Rivista del Diritto Commerciale e del Diritto Generale delle Obrigazioni*, Roma, 1999;

Guichard, Raul, "Anotações sobre a Responsabilidade do Comitente e a Responsabilidade pelo Risco no Código Civil Português" in *RCEJ*, nº 10, Instituto Superior de Contabilidade e Administração do Porto, Porto, 2007;

Guidotti, Rolandino, "Amministratore di Fatto e Negotiorum gestio", in *Giurisprudenza Italiana*, Anno 152, UTET, Torino, 2000;

Guyon, Yves, *Droit des Affaires*, Tome 2, *Entreprises en difficultés. Redressement Judiciare – Faillite*, 7ª édition, Ed. Economica, Paris, 1999;

Henriques, Sérgio Henriques, "A Redução Teleológica no Ordenamento Jurídico Português: Análise de Jurisprudência", in *Revista Brasileira de Direito*, Vol. 12, nº 1, Editora IMED, 2016, disponível em: https://seer.imed.edu.br/index.php/revistadedireito/article/view/1010;

Jamieson, Neil/Hughes, Kelly, "The Identification of shadow directors under English Law: What guidance might Buzzle Provide?" in *Butterworths Journal of International Banking and Financial Law*, 2012;

Labareda, João, "A Cessação da Relação de Administração", in *Direito Societário Português – Algumas Questões*, Quid Iuris? Sociedade Editora, Lisboa, 1998;

Langhans, F. P. Almeida, "Poderes de Gerência Nas Sociedades Comerciais" in *ROA*, ano 11, nºs 1 e 2, 1951;

Latorre Chiner, Nuria, *El administrador de hecho en las sociedades de capital*, Mercatura – Colecciòn Estudios de Derecho Mercantil, Editoral Comares, Granada, 2003;

_____, "El Concepto de administrador de hecho en el nuevo artículo 133.2 LSA", in *RDM*, Civitas, Madrid, 2004;

LEITÃO, Luís Manuel Teles de Menezes, "A Responsabilidade do Gestor perante o Dono do Negócio no Direito Civil Português", in *Ciências e Técnica Fiscal*, Boletim da Direção-Geral das Contribuições e Impostos, nº 363, Lisboa, 1991;

_____, *Direito das Obrigações, Vol. III – Contratos em Especial*, 11ª edição, Almedina, Coimbra, 2016;

_____, *Direito das Obrigações, Vol. I: Indrodução da Constituição das Obrigações*, 15ª edição (Reimpressão), Almedina, Coimbra, 2020;

LEVENEUR, Laurent, *Situations de fait et droit privé*, Bibliothèque de droit privé, Librairie Générale de Droit et de Jurisprudence, Paris, 1990;

LOZANO SAIGÍ, Miriam, "Aproximación jurídica a la figura y régimen de responsabilidad del administrador de hecho", in *Revista Jurídica de Cataluña*, nº 4, Barcelona, 2005;

MARTÍNEZ, Julio Bonmatí, "Derecho Societario – Administradores de hecho", in *CONT4BL3*, Número LXX, 2º Trimestre, 2019;

MARTINEZ, Pedro Romano, Direito do Trabalho, 9ª edição, Almedina, Coimbra, 2019;

MARTÍNEZ SANZ, Fernando/BARTLE, Marta, "Los Administradores Responsables", in *La Responsabilidad de los Administradores de las Sociedades Mercantiles*, Dírecciòn: Ángel Rojo/Emilio Beltrán, Coordinación: Ana Belén Campuzano, 6ª Edición, Tirant Lo Branch, Valencia, 2016;

MARTINS, Alexandre de Soveral, *Os Poderes de Representação dos Administradores de Sociedades Anónimas*, Coimbra Editora, Coimbra, 1998;

_____, "Contrato de Sociedade, Vícios e Invalidade", in *BFD*, 86, Coimbra, 2010;

_____, *Administradores-delegados e comissões executivas. Algumas Considerações*, 2ª Edição, Cadernos nº 7, IDET, Almedina, Coimbra, 2011;

_____, "Artigo 260º", in *Código das Sociedades Comerciais em Comentário*, coord. J.M. Coutinho de Abreu, vol. IV, 2ª edição, Almedina, Coimbra, 2017;

_____, *Administração de Sociedades Anónimas e Responsabilidade dos Administradores*, Almedina, Coimbra, 2020;

MENDES, Armindo A. L. Ribeiro, *A Gestão de Negócios no Direito Civil Português*, Dissertação apresentada ao Curso Complementar de Ciências Jurídicas, FDL, Lisboa, 1971;

MONTEIRO, António Pinto, *Contrato de Agência. Anotação ao Decreto-Lei nº 178/86, de 3 de julho*, 8ª edição atualizada, Almedina, Coimbra, 2017;

MORAIS, Luís Daniel David, *A Influência Societária Relevante*, Dissertação de Mestrado, FDUC, Coimbra, 2020;

MORAIS, Nuno, "A Responsabilidade Objetiva do Comitente por Facto do Comissário, a Análise do Artigo 500º do Código Civil – seus Pressupostos e Regime", *JULGAR*, Nº 6, Coimbra Editora, Coimbra, 2008;

MOREIRA, José Alves, *Os Limites da Administração de Facto. Efeitos nas Relações Jurídico-Laborais*, Dissertação de Mestrado, FDUC, Coimbra, 2007;

MOZZARELLI, Michele, "Amministratore di Fatto: fine di una contesa" in *Giurisprudenza Commerciale – Società e Fallimento*, II, Ed. Giuffrè, Roma/Milano, 2001;

NAHARRO, Mónica Fuentes, "Una aproximación al concepto de administrador de hecho y la funcionalidad de la figura en los grupos de sociedades" in *Gobierno Corporativo y Crisis Empresariales*, Marcial Pons, 2006;

NETO, Abílio, *Código Civil Anotado*, 20ª edição, Ediforum, Lisboa, 2018;

Neves, António Castanheira, *Metodologia Jurídica – Problemas Fundamentais*, BFD, Coimbra Editora, Coimbra, 2013;

Nigro, Alessandro, "El mandato tacito degli amministratori di società per azioni", in *Il Foro Italiano*, vol. LXXXVIII, Società Editrice del "Foro Italiano", Roma, 1965;

Nogueira, Gonçalo, "Os Credores Controladores enquanto Administradores de Facto Indiretos da Sociedade Financiada" in *RDS*, VIII, Nº 4, 2016;

Nunes, Ana Pinto, *A Responsabilidade dos Administradores de Facto pela Insolvência em Grupos de Sociedades*, Dissertação de Mestrado, UCP, Porto, 2017;

Oliveira, Ana Perestrelo de, "Administração de Facto: do Conceito Geral à sua aplicação aos Grupos de Sociedades e outras situações de Conflito Interempresarial", in *A Designação de Administradores*, Governance Lab, Almedina, Coimbra, 2015;

_____, *Manual de Governo das Sociedades*, Almedina, Coimbra, 2017;

_____, Grupos *de Sociedades e Deveres de Lealdade. Por um critério unitário de solução do "Conflito de Grupo"*, Almedina, Coimbra, 2018;

Pardal, Francisco Rodrigues/Bordalo, Abílio Madeira, *Antologia de Acórdãos do Supremo Tribunal Administrativo e do Tribunal Central Administrativo*, nº 2, Ano II, Almedina, Coimbra, 1999;

Perdices Huetos, Antonio, "Significado actual de los «administradores de hecho»: los que administran de hecho y los que de hecho administran. A propósito de la STS de 24 septiembre 2001", in *Revista de Derecho de Sociedades*, nº 18, Editorial Aranzadi, Pamplona, 2002;

_____, *Derecho de Sociedades. I. Comentarios a la jurisprudencia*, Volumen II, Diretor: Fernando Rodríguez Artigias, Aranzadi-Thomson Reuters, Navarra, 2010;

Pereira, Tatiana Sousa, *O Papel do Credor Controlador. Responsabilidade por exercício de influência sobre a Administração Societária*, Dissertação de Mestrado, FDUC, Coimbra, 2017;

Pinto, Carlos Mota, *Teoria Geral do Direito Civil*, 4ª edição por António Pinto Monteiro e Paulo Mota Pinto (5ª edição da reimpressão), Gestlegal, Coimbra, 2020;

Pinto, Filipa Nunes, "A Responsabilidade Civil dos Administradores de Sociedades – a concretização dos deveres legais que origina essa responsabilidade", in *RDS*, VII, nº 1, 2015;

Pinto, Paulo Mota, "Aparência de Poderes de Representação e Tutela de Terceiros. Reflexão a propósito do artigo 23º do Decreto-Lei nº 178/86, de 3 de Julho", in *BFD*, 69, Coimbra, 1993;

Proença, Catarina Brandão, "Da apreciação da culpa do gestor de negócios", in *RCEJ*, Instituto Superior de Contabilidade e Administração do Porto, nº 19, Porto, 2011;

Ramalho, Maria do Rosário Palma, *Tratado de Direito do Trabalho, Parte II – Situações Laborais Individuais*, 7ª edição, Almedina, Coimbra, 2019;

Ramos, Maria Elisabete Gomes, *Responsabilidade Civil dos Administradores e Directores de Sociedades Anónimas perante os Credores Sociais*, Studia Iuridica 67, Coimbra Editora, 2002;

Reis, David Nunes dos, *Administradores de Facto – Vinculação e Responsabilidade por Omissão*, Almedina, Coimbra, 2021;

Reis, Nuno Trigo Dos, "Os deveres de lealdade dos Administradores de Sociedades Comerciais", in *Temas de Direito Comercial*, Almedina, Coimbra, 2009;

Ribeiro, Maria de Fátima, *A Tutela dos Credores da Sociedade por Quotas e a "Desconsideração da Personalidade Jurídica"*, Almedina, Coimbra, 2009;

RIVES-LANGE, Jean-Louis, "La notion de dirigeant de fait au sens de l'article 99 de la loi du 13 juillet 1967 sur le règlement judiciare et la liquidation des biens", in *Recueil Dalloz*, Chronique, 1975;

ROSÁRIO, Tatiana Ferreira, *A Responsabilidade do Administrador de Facto no CIRE*, Dissertação de Mestrado, UCP, Porto, 2017;

ROTH, Günter H. "Die Haftung als faktischer Geschäftsführer im Konkurs der GmbH", in *Zeitschrift für Unternehments – und Gesellschaftsrecht*, Berlin-New York (Walter de Gruyer & Co.; De Gruyter Rechtswissenschaften Verlags-GmbH), 1989;

SALVATO, Luigi, "Il «revirement» della Suprema Corte in materia di responsabilità dell'amministratore di fatto. Il Commento", in *Le Società*, nº 7, 2001;

SÁNCHEZ, Sonia Rodríguez, "La Delimitación de la Figura del Administrador de Hecho", in *RDM*, nº 301, 2016;

SERENS, Manuel Couceiro Nogueira, *Administradores de Sociedades Anónimas: da proibição de gerir só dinheiro dos outros à obrigação de prestar caução para o fazer*, Almedina, Coimbra, 2012;

SERRA, Adriano Vaz, "Gestão de Negócios", in *Boletim do Ministério da Justiça*, nº 66, 1957;

SIMÃO, Jorge André Carita, "A Remuneração dos Administradores das Sociedades e as suas implicações no contexto da crise financeira mundial", in *RDS*, II, nº 3 e 4, 2010;

TERRANOVA, Guilia, "Amministratori di Fatto", in *Il Societario (La Bussola)*, Giuffrè Francis Lefebvre, 2018, disponível em: http://ilsocietario.it/bussola/amministratori-di-fatto;

TOMAZ, Filipa Ribeiro Santos, *Da Representação Voluntária das Sociedades Comerciais*, Dissertação de Mestrado, FDUC, Coimbra, 2006;

TRICOT, Daniel, "Les Critères de la gestion de fait" in *Droit & Patrimoine*, nº 34, 1996;

VALERIO, Elisabetta, "Una svolta giurisprudenziale in tema di amministratori di fatto?", *Le Società*, nº 9, 2001;

VARELA, João Antunes, *Das Obrigações em Geral*, Vol. I, 15ª Reimpressão da 10ª edição, Almedina, Coimbra, 2018;

VASCONCELOS, Pedro Leitão Pais de, "A Preposição", in *RDC*, Liber Amicorum, 2017, disponível em: https://www.revistadedireitocomercial.com/a-preposicao;

VASCONCELOS, Pedro Pais de, "Vinculação das Sociedades Comerciais", in , ano 6, Vol. 12, Almedina, Coimbra, 2014;

VASCONCELOS, Pedro Pais de/VASCONCELOS, Pedro Leitão Pais de, *Teoria Geral do Direito Civil*, 9ª Edição (Reimpressão), Almedina, Coimbra, 2021;

VAZ, Teresa Anselmo, "A Responsabilidade do Accionista Controlador", in *O Direito*, III-IV, 1996;

VENTURA, Raúl, *Teoria da Relação Jurídica de Trabalho, Vol: 1: Estudo de Direito Privado*, Imprensa Portuguesa, Porto, 1944;

JURISPRUDÊNCIA

PORTUGAL

— Acórdão do Tribunal Central Administrativo do Sul, de 09 de fevereiro de 1999, Processo nº 00227/97, Relator: Jorge Lino Ribeiro Alves de Sousa;
— Acórdão do Tribunal da Relação de Coimbra, de 10 de fevereiro de 2015, Processo nº 164/05.7TBVLF.C2, Relator: Isabel Silva, disponível em: www.dgsi.pt;
— Acórdão do Tribunal da Relação de Guimarães, de 13 de setembro de 2018, Processo nº 2214/16.2T8CHV-A.G1, Relator: Margarida Almeida Fernandes, disponível em www.dgsi.pt;

ESPANHA

— *Tribunal Supremo, Sala de lo Civil, Sección 1, Sentencia nº 421/2015, Rec 1701/2013, de 22 de julio de 2015, Ponente: Ignacio Sancho Gargallo;* (disponível em: www.iberley.es);
— *Juzgado de Lo Mercantil de Pontevedra, Sección 1, Sentança nº 17/2021, Rec 168/2020, de 17 de Enero de 2021, Ponente: Manuel Marquina Alvarez;* (disponível em: www.iberley.es);

ITÁLIA

— *Cassazione Penale Sez. V*, Sentenza nº 35346, del 22 *agosto* 2013 (in https://www.brocardi.it/massimario/59890.html);
— *Cassazione Civile Sez. V*, Sentenza nº 2586, del 5 *febbraio* 2014 (in https://www.brocardi.it/massimario/24022.html);
— *Cassazione Penale Sez. V*, Sentenza nº 2714, del 23 *gennaio* 2020 (in https://www.neldiritto.it);

REINO UNIDO

— *High Court of Justice, Re Hydrodam (Corby) Ltd, J. Millet* (1994) - disponível em: www.swarb.co.uk;

ÍNDICE